개념 잡는 수학툰

❷ 삼각형에서 피타고라스의 정리까지

정완상 지음 | 김민 그림

중학교에서도 통하는 초등수학

개념 잡는 수학툰

② 삼각형에서 피타고라스의 정리까지

전)전국수학
교사모임
이동훈 회장
추천 도서

성림주니어북

개념 잡는 수학툰 이렇게 구성되었어요!

판타지 만화로 재미까지 잡는 〈수학툰〉

저자만의 톡톡 튀는 아이디어가 가장 잘 살아있는 꼭지인 수학툰!
어려울 수 있는 수학, 이렇게 재미있게 시작할 수 있습니다.

초·중·고 수학 교과서와 함께 봐요!

초·중·고 수학 교과서는 서로 그 흐름이 연결됩니다. 이 책은 초·중·고 수학 교과서의 흐름을 한 눈에 살펴볼 수 있도록 구성했습니다.

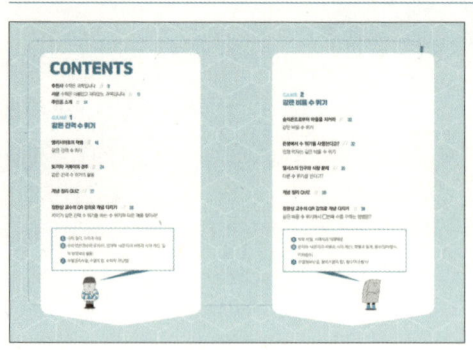

잘 이해했는지 다시 한 번 정리하는 〈개념 정리 QUIZ〉

본문에 나오는 내용을 잘 이해했는지 〈개념 정리 QUIZ〉를 직접 풀어 보고, 부록에 실린 정답 페이지에서 풀이 과정까지 자세히 살펴볼 수 있습니다.

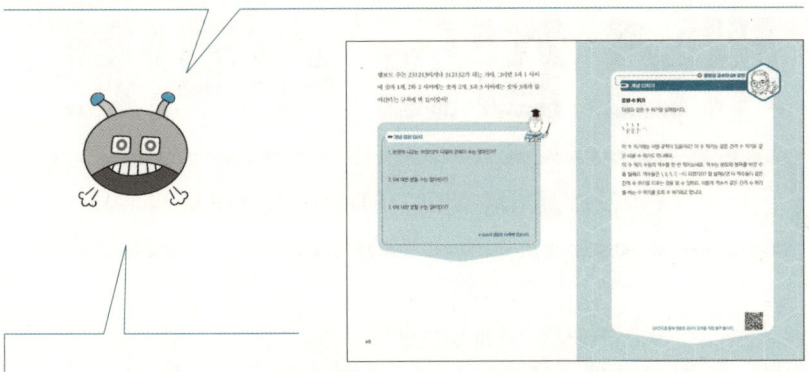

저자 직강 동영상 강좌 연계 〈정완상 교수의 QR 강의 개념 다지기〉

저자가 이 책의 독자들만을 위해 직접 강의한 동영상을 QR코드를 탑재해 연결되도록 구성했습니다. 재미 잡는 수학툰, 풍부한 삽화로 이해를 돕는 본문, 다시 한 번 정리하는 개념 정리 QUIZ에 이어 저자 직강 동영상 강좌를 QR코드로 만나 보세요.

초·중·고 수학 교과서 속 용어가 어려울 땐 이 책에서 연계 용어로 찾아보세요!

이 책에서는 초·중·고 수학 교과서 속 어려운 용어들을 독자들이 이해하기 쉬운 용어로 풀어 썼습니다. 교과서와 자연스럽게 연계가 되도록 용어 정리와 찾아보기 페이지를 함께 두었습니다. 수학 교과서로 공부를 하다가 이해가 잘 안 될 때, 이 책을 읽다가 교과서 속 용어가 궁금할 때는 〈수학 교과서 속 용어 정리 & 찾아보기〉에서 쉽게 찾아보세요.

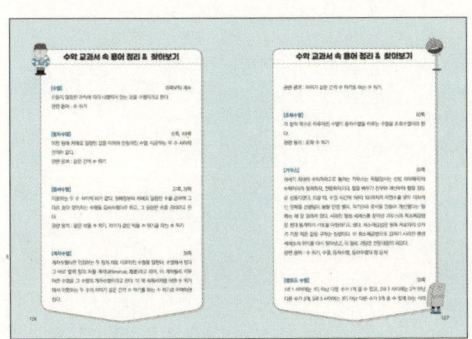

개념 잡는 수학툰

❷ 삼각형에서 피타고라스의 정리까지

초·중·고 수학 교과서와 함께 읽어요

초등학교 수학	4학년 각도 4학년 평면 도형의 이동 4학년 삼각형, 사각형, 다각형 5학년 다각형의 둘레와 넓이 5학년 합동과 대칭 6학년 비와 비율 6학년 비례식과 비례 배분 6학년 공간과 입체
중학교 수학	1학년 기본 도형 1학년 작도와 합동 1학년 평면 도형 1학년 입체 도형 2학년 삼각형의 성질 2학년 사각형의 성질 2학년 도형의 닮음 2학년 피타고라스의 정리 3학년 삼각비
고등학교 수학	수학(상) 도형의 방정식 기하 공간 도형과 공간 좌표 실용 수학 패턴 실용 수학 공간

CONTENTS

추천사 1 수학과 삶이 이어지는 경험이 되기를 /// 14
추천사 2 이 책은 한 편의 만화 영화 같은 책입니다 /// 16
추천사 3 문장제 문제에 약한 친구들도 빠져드는 수학툰 /// 20
서문 수학은 아름답고 재미있는 과목입니다 /// 23
프롤로그 /// 26

GAME 1
삼각형과 사각형 그리고 평행선

사각 왕국으로의 여행 /// 33
삼각형의 종류

우리는 영원히 못 만나 /// 38
평행선의 성질

사각 왕국의 공주들 /// 42
사각형의 종류

개념 정리 QUIZ /// 46

정완상 교수의 QR 강의 **개념 다지기** /// 47
삼각형의 세 각의 합은 항상 180°이다

- **초** 평면 도형의 이동, 삼각형, 사각형, 다각형, 각도
- **중** 기본 도형, 작도와 합동, 평면 도형, 삼각형의 성질, 사각형의 성질
- **고** 도형의 방정식

GAME 2
완전히 포개지는 도형 그리고 그 도형의 넓이

납치된 사각 왕국의 공주를 구하라 /// 53
완전히 포개지는 도형

삼각형의 넓이를 구할 때는 왜 ÷2를 할까? /// 55
삼각형과 사각형의 넓이 구하기

개념 정리 QUIZ /// 59

정완상 교수의 QR 강의 개념 다지기 /// 60
크고 작은 직사각형 헤아리기

- 초 삼각형, 사각형, 다각형, 평면 도형의 이동, 합동과 대칭
- 중 기본 도형, 작도와 합동, 평면 도형, 삼각비
- 고 도형의 방정식, 공간 도형과 공간 좌표

GAME 3
도형의 닮음과 대각선

두 삼각형이 닮으면 생기는 일? /// 67
삼각형의 닮음

다각형의 이웃하지 않은 꼭짓점을 연결하라! /// 69
대각선

개념 정리 QUIZ /// 73

정완상 교수의 QR 강의 개념 다지기 /// 74
마름모의 넓이 구하는 공식을 만들어 볼까?

- 초 여러 가지 도형, 평면 도형, 다각형, 합동과 대칭, 비와 비율
- 중 도형의 닮음, 삼각비
- 고 도형의 방정식, 패턴

GAME 4
직각삼각형과 피타고라스의 정리

직각삼각형의 빗변에 숨겨진 이야기 /// 81
피타고라스의 정리

정사각형에 대각선을 그려서 시작해! /// 83
피타고라스의 정리의 간단한 증명

개념 정리 QUIZ /// 86

정완상 교수의 QR 강의 개념 다지기 /// 87
피타고라스의 정리를 증명하라!

> 초 삼각형, 사각형, 다각형, 합동과 대칭, 다각형의 둘레와 넓이
> 중 삼각형의 성질, 사각형의 성질, 피타고라스의 정리
> 고 도형의 방정식, 패턴

GAME 5
삼각형을 이용한 건축물과 사각형 화가

튼튼한 건축물을 지어라! /// 92
삼각형의 힘

직선과 사각형만으로 그림을 그리다! /// 94
현대 화가 몬드리안

개념 정리 QUIZ /// 96

정완상 교수의 QR 강의 **개념 다지기** /// 97
오각별의 다섯 개의 각의 합은 180°이다!

초 삼각형, 사각형, 다각형, 공간과 입체
중 기본 도형, 입체 도형, 도형의 닮음
고 도형의 방정식, 공간 도형과 공간 좌표

GAME 6
부분과 전체가 같은 프랙탈

트라이시티의 특별한 아파트 /// 102
삼각형으로 만들어진 집

수학자가 수학으로 그린 그림 이야기 /// 107
눈송이 화가, 코흐

파마머리가 생머리보다 더 큰 것은? /// 110
프랙탈 차원 이야기

개념 정리 QUIZ /// 113

정완상 교수의 QR 강의 개념 다지기 /// 114
두 개의 정사각형을 하나의 정사각형으로, 도형의 변환!

- 초 삼각형, 사각형, 다각형, 공간과 입체
- 중 기본 도형, 작도와 합동, 평면 도형, 삼각형의 성질, 사각형의 성질
- 고 도형의 방정식, 패턴, 공간 도형과 공간 좌표

부록 /// **117**
수학자에게서 온 편지 – 피타고라스
[논문] 접힌 도형의 성질에 관한 연구

개념 정리 QUIZ 정답 /// **126**

용어 정리 & 찾아보기 /// **133**

| 추천사 1 |

수학과 삶이 이어지는 경험이 되기를

세상은 무엇으로 만들어져 있을까요? 고대 철학자들은 세상을 구성하는 물질에 관심이 많았습니다. 탈레스는 모든 것이 물에서 시작된다고 보았고, 아리스토텔레스는 세상이 물, 불, 흙, 공기로 구성된다고 보았습니다. 오늘날 사람들의 눈에는 고대 철학자들의 생각이 터무니없어 보일 수도 있을 것입니다. 그렇다고 고대 철학자들의 이런 생각이 헛된 것일까요? 비록 정확하지 않았더라도 세상의 본질을 밝히고자 했던 그들의 노력, 탐구 의식은 높이 평가해야 할 것입니다.

저는 학생들이 고대 철학자와 같은 마음으로 수학을 보면 좋겠습니다. 일상생활에서 마주하는 현상들을 수학적으로 탐구한다면 어떨까요? 학생들이 생활하는 교실 안에서도 많은 수학적 원리를 발견하게 될 것입니다. 행과 열로 이루어진 학급 자리 배치에서 '행렬'을 발견할 수 있고, 자리를 바꾸는 날 새로운 짝꿍을 만나는 데에도 '확률'을 생각하게 될 것입니다. 학급 모둠원을 구성하는 데에서 '나눗셈'을 떠올릴 수 있고, 학급 친구들을 특성에 따라 분류하면서 '집합'의 개념도 이해할 수 있을 것입니다. 이처럼 학생들이 수학을 세상을 보는 '눈'으로 생각한다면, 수학은 단순한 문제 풀이의 도구가 아니라 삶의 재미있는 법칙을 찾아내는 유용한 학문으로 인식될 수 있을 것입니다.

이 책은 세상을 수학적으로 볼 수 있는 '눈'을 키워 줄 책입니다. 학년마다 단편적으로 학습했던 수학적 지식을 '주제'별로 통합하여 연결함으로써, 수학적 개념이 학생들의 삶과 이어지게 하였습니다. 학생들은 책 속의 이야기와 상황에 몰입하면서 수학적 개념과 원리를 재미있게 경험할 것입니다. 이 책은 수학을 어려워하는 학생에게는 수학에 대한 기분 좋은 경험이 되어 줄 것이고, 수학을 좋아하는 학생에게는 수학의 가치를 발견하는 기회가 되어 줄 것입니다. 이 책을 통해 많은 학생들이 수학과 삶을 잇는 경험을 쌓고, 수학을 사랑하는 마음을 키워 가기를 기대해 봅니다.

이운영, 조치원대동초등학교 교사

| 추천사 2 |

이 책은 한 편의 만화 영화 같은 책입니다

세상은 복잡한 것들로 가득 찬 것처럼 보이지만, 자세히 살펴보면 간단한 것들로 가득합니다.

대수학자들은 0, 1의 나열로 세상의 해석이 가능하다고 말하고, 화학자들은 118개의 원소로 가득한 세상이라고 말하고, 물리학자들은 그들이 정한 사물 사이의 관계와 이치로 세상을 정의하려 합니다. 마찬가지로 기하학자들은 점, 선, 면의 정적인 운동과 동적인 운동만으로 세상을 설명하려 합니다.

이 책은 점, 선, 면이 아닌 삼각형에 집중합니다. 이 세상의 모든 도형 중에 삼각형이라 정의된 한 가지 모양에 집중해 그 모양에서 확장된 다양한 형태를 살핍니다.

삼각형-사각형-오각형-육각형-다각형-도형-입체

마찬가지로 선에 집중하는 것이 아니라 두 선의 관계에 집중합니다. 두 선이 어떤 형태를 유지하고 그 형태가 갖는 특징이 어떤 의미를 갖고 확산되어 가는지에 집중합니다. 이 생각의 전환이 힘들고 어렵게 여겨졌던 기하를 새로운 시선으로 보게 합니다.

선-두 선-두 선의 평행-삼각형에서의 비례-다각형에서의 비례

우리가 사물을 바라볼 때 그 사물의 질감에 집중하는 사람도 있고, 그 사물의 모양에 집중하는 사람도 있고, 그 사물의 색에 집중하는 사람도 있습니다. 또한 그 사물의 놓인 형태나 다른 사물과의 관계에 집중하는 사람도 있습니다. 이처럼 기하의 도구인 점, 선, 면이 연결되어 삼각형과 사각형 같은 다각형으로 그 모양이 자리 잡으면, 이 도형은 이제 이전의 모습이 아니라 새롭게 자리 잡은 모양으로 자신의 속성을 이야기합니다. 이렇게 될 때, 사람들은 다양한 관찰을 통해 새로운 성질을 찾으려 합니다. 이 호기심이 지금의 기하학을 만든 것입니다. 이 새로운 관찰을 시행하는 통찰을 통해 우리는 자기만의 수학을 만들어 갑니다. 이 책은 이 점에 집중에 기하를 구성해 나갑니다.

닮은 도형의 길이 사이의 비를 찾던 사람들은 길이를 이용해 넓이 사이의 관계를 찾고, 이 관계를 찾은 사람들은 이 성질을 이용해 피타고라스의 정리를 찾고, 피타고라스의 정리를 찾은 사람들은 도형의 추상을 일상에 적용해 다양한 건축물이나 구조물을 만들어 갑니다. 이런 모습이 추상 수학을 현실 속의 수학으로 적용해 나가는, 수학하는 인간의 모습입니다. 이 책은 이 일련의 과정을 담아 수학 문화가 만들어지는 연결된 하나의 모습을 그림으로 나타낸 한 편의 만화 영화 같은 책입니다.

또 이 책은 점, 선, 면의 기하를 다루는 과정에서 다음과 같은 질문을 던집니다.

세상의 모든 부분은 전체보다 작을까?
아니면, 세상의 모든 부분은 전체와 같을까?
아니면, 세상의 모든 부분은 오히려 전체보다 클까?

작가는 이 질문에 프랙탈을 이용해 답하려 합니다. 유한이 정의된 공간에서 무한이 정의된 공간으로 넘어가면, 이 질문에 대한 답은 모두 참이 될 수 있기에 다양한 상황을 관찰하며, 상상 놀이를 할 수 있음을 제시합니다. 결국, 이런 상상은 부분에서 무한을 찾게 합니다.

바로 해안선의 모양에서 무한을 찾게 한 것입니다.

이런 새로운 상상이 미래의 기하를 만들게 하고 미래의 차원을 만들게 합니다. 점, 선, 면으로 시작한 기하가 상상력으로 마무리되는 놀이를 한 것입니다. 그렇기에 이 책을 읽는 짧은 시간의 집중만으로 기하 세상의 모습을, 인지적 추상 시선을 확인할 수 있습니다.

이동흔, 전) 전국수학교사모임 회장

| 추천사 3 |

문장제 문제에 약한 친구들도 빠져드는 수학툰

수학 문장제 문제를 어려워하는 친구들이 생각보다 많습니다. 과거의 초등수학은 정해진 답을 맞히는 것이 목적이었다면, 이제는 알고 있는 지식을 새롭게 창조해 낼 줄 아는 능력을 중요시하는 추세입니다. 서술형 문제인 문장제 문제는 실생활과 관련된 수학적 상황을 인지하고 해결해 나가는 과정을 통해 문제 해결력을 키우기에 꽤 효과적입니다. 하지만 문자보다 영상이나 그림 등에 익숙한 요즘의 친구들은 읽고 이해해야 할 것이 많은 수학 문장제, 즉 서술형 문제를 스스로 읽는 것부터 어려워합니다.

 이 책은 이런 친구들도 직접 정완상 교수님의 수업을 듣는 듯한 착각이 들 정도로 몰입할 수 있게 하는 여러 가지 요소들이 잘 갖춰져 있습니다. 또 저자는 친구들이 궁금해할 만한 상황을 정확히 알고 있고 이를 명쾌하게 해결해 줍니다. 이 책을 읽는 동안 수학을 잘하는 친구들은 수학에 더 재미를 붙일 수 있을 것이고, 스스로를 수포자라고 생각했던 친구들은 자기도 모르게 수학 실력이 향상되는 마법 같은 경험도 할 수 있을 것입니다.

이 책은 문장제 문제에 약한 주인공 코마의 질문과 상상이 글의 흐름을 재미있게 이끌어 줘서 책을 읽는 동안 초·중·고 수학 교과의 중요한 영역인 각 주제들에 대해 어느새 깊이 빠져듭니다. 중간중간 삽입된 시공간을 넘나드는 만화 형식의 판타지 수학툰은 단원의 흐름을 재미있게 이끌고 있어 친구들의 호기심을 증폭시킵니다. 가볍게 술술 읽히지만 꼭 알아야 할, 수학 탐구 주제에 바로 적용할 수 있는 신비롭고 재미있는 이야기들이 가득 담긴 책입니다.

마지막으로 서문에서 밝힌 정완상 교수님의 말씀처럼 이 책을 읽는 모든 학생들의 어린 시절이 세계적인 수학자의 어린 시절이 되기를 저 또한 희망합니다.

박정희, 매쓰몽 대치본원 대표

| 서문 |

수학은 아름답고
재미있는 과목입니다

QR코드를 통해
정완상 교수의 강의를
직접 들어 봅시다.

수학은 아름답고 재미있는 과목입니다. 이 아름다운 과목은 첫발을 잘못 들이면 이 세상에서 제일 싫어하는 과목이 되기도 합니다. 대신에 어린 시절부터 재미있는 수학책을 접해 수학의 재미를 느끼게 되면 수학을 좋아하게 되고, 따라서 수학에 대한 자신감을 가지게 되지요.

이 책은 그런 의도로 기획되었습니다. 수학을 좋아하는 초등학생들과 수학이 재미없어지기 시작한 청소년들을 위해 주제별로 수학이 재미있는 것이라는 것을 알려 주는 것이 이 책의 가장 큰 목적입니다. 그러기 위해 중학교나 고등학교에서 배우는 내용이나 그 이상의 수학 내용도 초등학생이 소화할 수 있도록, 초등학생이 이해할 수 있는 단어로 설명했습니다. 이 책은 만화로 구성된 수학툰이 전체 이야기를 이끌어 가는 구성입니다. 그래서 독자들이 재미있는 스토리를 통해 수학의 중요한 개념을 이해할 수 있을 것이라 생각합니다.

수학자들은 매우 논리적인 사람들이면서 동시에 엉뚱한 생각을 많이 하는 사람들입니다. 엉뚱한 생각을 논리적으로 접근하면 이 세상 누구도 본 적이 없는 새로운 수학의 세계로 사람들을 초대합니다. 이 책에 등장하는 삼각형에 대한 연구를 한 수학자들 역시 그러합니다. 이 책은 삼각형에 대한 모든 것을 알려 주기 위해 기획되었습니다. 삼각형의 종류, 삼각형의 성질, 삼각형의 닮음 등에 대한 초등학생 수준의 이야기를 시작으로 중학교에서 공부하는 직각삼각형에서의 피타고라스 정리에 대한 이야기도 초등학생이 이해할 수 있게 그림을 이용해 증명해 보았습니다. 이 시리즈에서는 우리가 왜 수학을 공부해야 하는가에 대한 해답을 내놓고 싶었습니다. 그래서 삼각형이 생활 속에서 어떤 중요한 역할을 하는지를 초등학생들에게 알려 주려고 노력했습니다. 삼각형을 이용한 구조물이 튼튼한 구조물이 될 수 있다는 것부터 최근 유행하는 새로운 수학 분야인 프랙탈 이론에 대해서도 초등학생들이 이해할 수 있도록 다루어 보았습니다. 중학교 내용을 알고 있는 초등학생이나 중학생 독자들을 위해서는 책이 출간된 후 유튜브 채널 〈정완상 교수의 개념 잡는 수학툰 강의〉에 수학 영재들을 위한 강의를 연재할 예정입니다. 유튜브 채널 구독자들과 이 책의 독자들 중에서 미래의 필즈상 수상자나 노벨상 수상자가 나오기를 염원합니다. 수학을 점수만 올리는 게임이 아닌 삶의 즐거움을 주는 산책이라고 생각하며 새로움을 추구한다면 여러분의 꿈이 이루어질 것이라 생각합니다.

이 책은 초등학교, 중학교, 고등학교 교과서의 다음 내용들과 연결됩니다.

초등학교 : 도형
중학교 : 평면 도형, 삼각형의 성질, 사각형의 성질, 도형의 닮음, 피타고라스의 정리, 삼각비
고등학교 : 도형의 방정식

이 책에 소개된 삼각형의 성질, 피타고라스의 정리, 프랙탈 등의 내용을 통해, 여러분들이 삼각형의 신비로움과 삼각형이 얼마나 우리 주위에서 중요한 역할을 하는지 배우기를 바랍니다. 이를 통해 여러분들도 삼각형을 이용한 새로운 건축물이나 새로운 디자인을 만들어 보기 바랍니다. 여러분들의 어린 시절이, 이 책을 통해 세계적인 수학자의 어린 시절이 되기를 희망합니다.

정완상, 경상국립대학교 교수

캐릭터 소개

코마

수학을 못해서 고민인 아이

호기심이 많은 코마는 큰 고민이 하나 있다. 수학을 잘 못해서 수학 시간을 싫어한다. 특히 수학 문장제 문제는 생각만 해도 짜증이 날 정도이다. 수학 때문에 고민하는 코마, 이 고민이 해결될 수 있을까?

시계 모양의 수학 마법사

수학 행성 매쏜에서 온 수학 요정, '매쓰피어'가 코마의 침대 옆에 놓여 있던 알람 시계를 팔다리가 없고 날아다니는 시계 모양의 수학 마법사로 만들었다.

매쓰워치

베드몬

시공간을 이동하고, 변신의 귀재

'매쓰피어'가 코마의 침대를 일으켜 세워 만들었다. 코마, 매쓰워치와 함께 시공간을 여행하는데, 이때 가장 중요한 수송을 담당한다. 변신의 귀재이기도 하다.

삼각형과 사각형 그리고 평행선

삼각형, 사각형은 초등학교 수학 교과에서도 다루는데, 중학교에서는 이런 도형들의 작도와 합동 그리고 삼각형과 사각형의 성질 등에 대해서까지 그 내용이 확대된다. 삼각형과 사각형의 다양한 종류들 그리고 그들의 성질, 더 나아가 평행선, 각과 각도, 엇각과 맞꼭지각 등에 대해 재미있고, 쉬운 이야기로 정리해 보자. 이 장을 모두 읽고 나면 삼각형의 세 각의 합은 항상 180° 임을 누구나 증명할 수 있다.

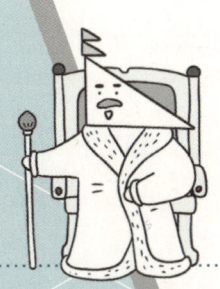

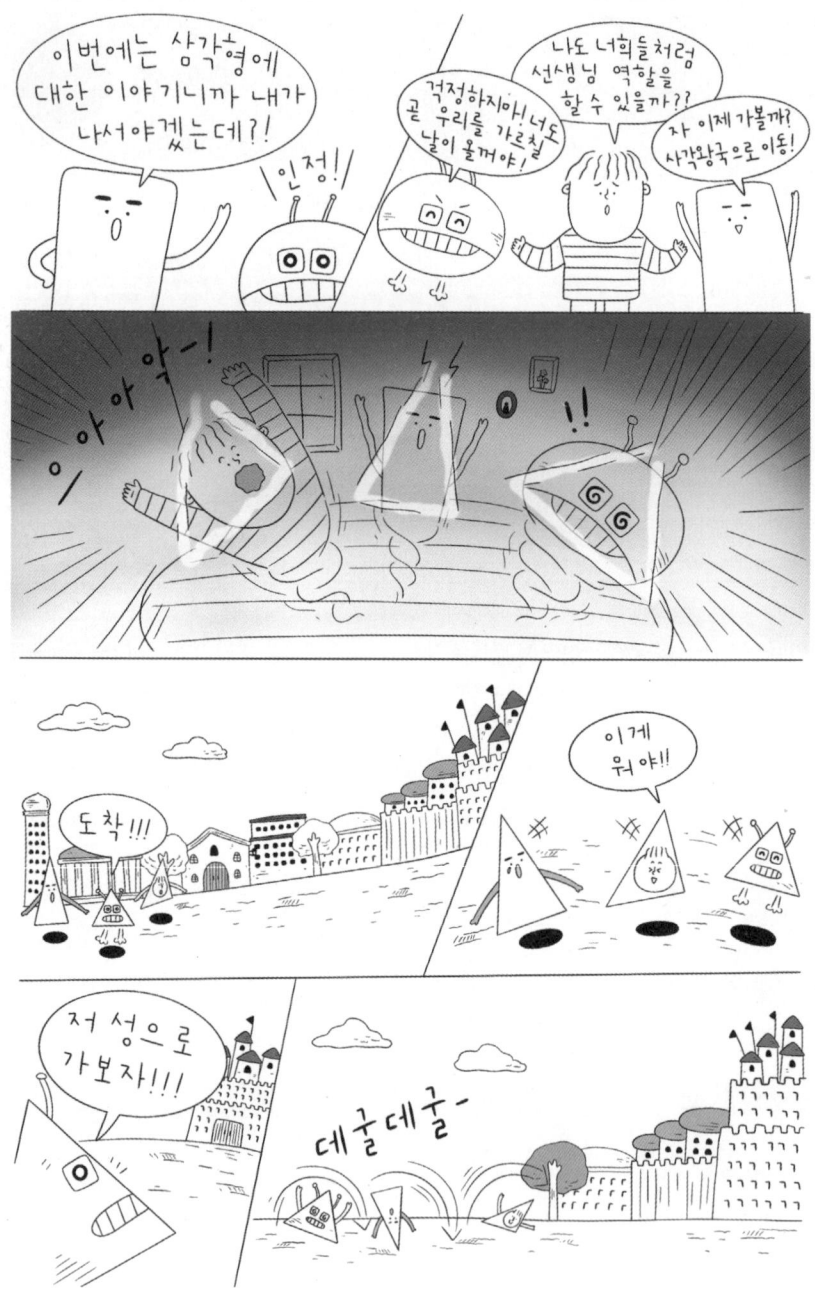

사각 왕국으로의 여행
삼각형의 종류

〈코마〉 얘들아! 난 아직도 내가 처음 변신했을 때의 모습이 왜 특별하지 않은지 잘 이해가 안 돼. 너희나 나나 똑같이 삼각형이었잖아. 처음에도 삼각형, 나중에도 삼각형이었어.

〈베드몬〉 삼각형에 대해 좀 더 공부해 보면 이해할 수 있어. 세 개의 선분으로 둘러싸인 도형을 삼각형이라고 부르는 것은 알지? 그림을 보고 설명해 줄게.

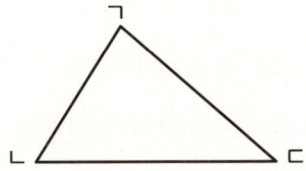

〈베드몬〉 그림처럼 점 ㄱ, 점 ㄴ, 점 ㄷ이 있을 때, 이웃한 두 점을 연결한 선분을 변이라고 불러. 삼각형의 세 변은 변 ㄱㄴ, 변 ㄴㄷ, 변 ㄷㄱ이 되는 거지. 그리고 두 변이 만나는 점 그러니까 점 ㄱ, 점 ㄴ, 점 ㄷ은 꼭짓점이 되는 거야.

〈코마〉 처음 변신했을 때 나도 세 개의 변과 세 개의 꼭짓점을 가지고 있었잖아? 그런데 왜 못 들어간 거지?

〈베드몬〉 우선 각과 각도에 대해 알아야 해.

〈코마〉 각과 각도는 같은 거 아닌가?

`베드몬` 아니야. 각은 한 점에서 그은 두 개의 반직선으로 이루어진 도형을 말해. 그림을 먼저 봐.

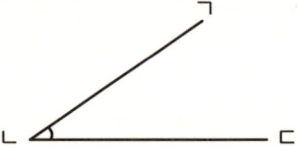

`베드몬` 점 ㄴ에서 직선 ㄱㄴ과 직선 ㄴㄷ이 만나지? 그러므로 위 그림은 각을 나타내. 이때 점 ㄴ을 각의 꼭짓점이라고 부르고 직선 ㄱㄴ과 직선 ㄴㄷ을 각의 변이라고 불러. 이 각을 각 ㄱㄴㄷ 또는 각 ㄷㄴㄱ이라고 읽거나 간단하게 줄여서 각 ㄴ이라고 읽어.

`매쓰워치` 각 ㄴㄱㄷ이라고 읽으면 안 되는 거지?

`베드몬` 안 돼. 각을 읽을 때는 반드시 꼭짓점이 가운데 오도록 읽어야 해. 각 ㄴ 또는 각 ㄱㄴㄷ 아니면 각 ㄷㄴㄱ으로만 읽을 수 있어.

`코마` 그러면 각도는 각과 뭐가 달라? 각도와 각을 정확하게 구분해서 말해야 해?

`베드몬` 각의 크기를 각도라고 해. 각의 크기는 두 변의 길이와 관계가 없고 오로지 두 변이 벌어진 정도에 따라 달라져. 아래 두 각을 봐.

매쓰워치 벌어진 정도가 다르네.

베드몬 오른쪽의 두 변이 왼쪽보다 더 많이 벌어졌으니까 오른쪽의 각도가 왼쪽의 각도보다 커. 즉, 두 변이 더 많이 벌어질수록 각도가 크지. 그리고 하나 더 다음 그림과 같이 두 변이 서로 수직일 때의 각도를 1직각이라고 해.

코마 직각은 알지. 학교에서 수학 시간에 각도기로 각의 크기를 재고, 각을 그릴 때 자주 듣던 말이야.

베드몬 1직각을 똑같이 90으로 나눈 하나를 1도라고 부르고 1°라고 써. 1직각=90°가 되는 거지. 1직각의 두 배를 2직각이라고 하는데 2직각은 180°가 돼. 1직각의 세 배를 3직각이라고 하고, 3직각은 270°가 되겠지? 마찬가지로 1직각의 네 배를 4직각이라고 하고, 4직각은 360°가 되는데 4직각은 한 바퀴를 돌았을 때의 각도야.

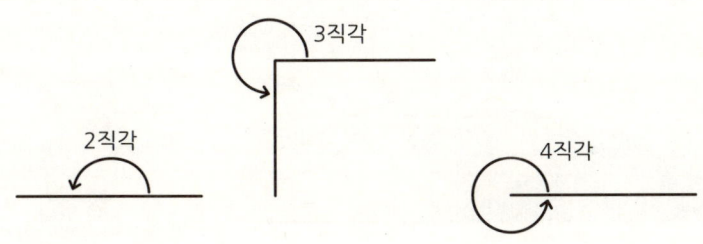

〈코아〉 각과 각도가 구분해야 할 다른 거였구나.

〈베드몬〉 자! 이제 삼각형의 세 각의 합이 얼마인지 알아볼게. 삼각형의 세 각을 모으면 2직각이 되지?

〈매쓰워치〉 그렇다면 삼각형의 세 각의 합은 180°가 되는군.

〈베드몬〉 변신한 매쓰워치의 얼굴을 잘 봐. 세 변의 길이가 같지? 이렇게 세 변의 길이가 같은 삼각형을 정삼각형이라고 해.

〈매쓰워치〉 정삼각형은 세 변의 길이가 같고, 자세히 보니 세 각의 크기도

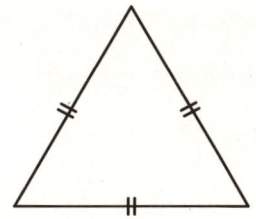

같네.

베드몬 맞아.

코마 삼각형의 세 각의 크기의 합은 180°이니까 정삼각형의 한 각의 크기는 60°가 돼.

베드몬 이번엔 변신한 내 얼굴을 봐. 이렇게 두 변의 길이가 같은 삼각형을 이등변삼각형이라고 불러. 이등변삼각형에서는 두 각의 크기가 같아.

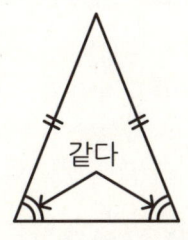

코마 이등변삼각형, 이해 완료! 자, 이제 나중에 변신했던 내 모습은 왜 특별한지 설명해 줘!

베드몬 이번에는 코마가 두 번째로 변신했던 얼굴을 봐. 삼각형에는 세 개의 각이 있지? 이 중 하나의 각이 직각인 삼각형을 직각삼각형이라고 불러. 삼각형 ㄱㄴㄷ은 각 ㄴ이 직각이므로 직각삼각형이야. 이때 직각을 만들지 않는 미끄럼틀처럼 생긴 변을 빗변이라 불러.

<매쓰워치> 변 ㄱㄷ은 빗변이네.

<베드몬> 맞아. 그리고 변 ㄴㄷ을 밑변이라고 불러.

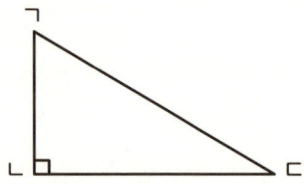

<코마> 변 ㄱㄴ도 따로 부르는 이름이 있어?

<베드몬> 변 ㄱㄴ의 길이를 높이라고 해. 그리고 정삼각형, 이등변삼각형, 직각삼각형은 특수 삼각형이라고 불러.

<코마> 아하! 그래서 내 얼굴이 직각삼각형으로 변한 후에는 연회장 안에 들어갈 수 있었구나!

우리는 영원히 못 만나
평행선의 성질

<베드몬> 이번에는 평행선에 대해 알아볼 거야.

<코마> 평행선? '평행하다'할 때 그 평행선 말이야?

베드몬 맞아. 먼저 평행에 대해 알아야 해. 한 직선에 수직인 두 직선을 그으면 두 직선은 서로 만나지 않지. 이처럼 서로 만나지 않는 두 직선을 평행이라고 해. 이렇게 평행인 두 직선을 평행선이라고 불러. 평행선 사이의 선분 중에서 수직인 선분의 길이가 가장 짧고 그 선분의 길이는 모두 같은데, 이 길이를 평행선 사이의 거리라고 불러.

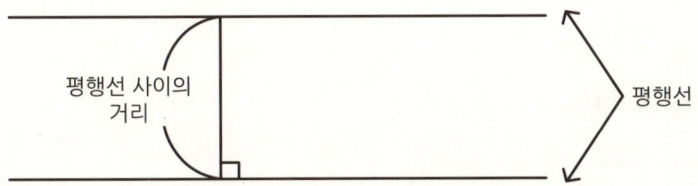

코마 영원히 만나지 못하는 두 직선이 평행이라는 것은 이제 알겠어. 평행선에 대해 더 알아야 할 것이 있어?

베드몬 평행선에 다음과 같이 비스듬하게 직선을 하나 그리면 같은 쪽에 있는 두 각의 크기는 같아.

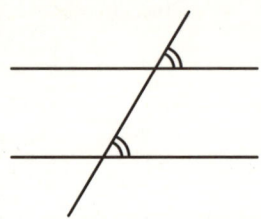

코마 재미있는 성질이네. 또 다른 성질은 없어?

베드몬 다음 그림을 봐. 그림에서 각 ㄱ과 각 ㄴ은 서로 마주보고 있지? 이렇게 서로 마주보고 있는 두 각을 맞꼭지각이라고 불러. 매쓰워치! 두 각의 크기를 재 볼래?

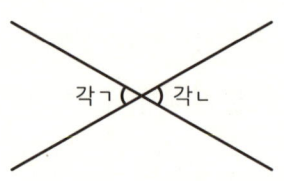

매쓰워치 두 각의 크기가 같은데?

베드몬 맞아. 맞꼭지각은 항상 크기가 같아.

매쓰워치 왜 그런 거야?

베드몬 다음 그림과 같이 각 ㄷ을 그려 봐. 각 ㄱ과 각 ㄷ을 더하면 일직선에 대한 각이 되니까 2직각이 돼. 각 ㄱ+각 ㄷ=2직각.

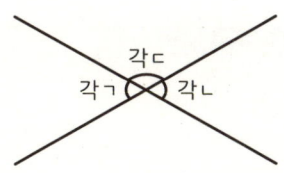

매쓰워치 각 ㄴ과 각 ㄷ을 더해도 일직선이 되니까 2직각이 돼.
각 ㄴ+각 ㄷ=2직각.

베드몬 그러니까 각 ㄱ과 각 ㄴ은 같은 크기가 되는 거야.

매쓰워치 그렇네. 맞꼭지각은 항상 크기가 같을 수밖에 없겠어.

베드몬 이제 이 성질을 이용하면 평행선과 직선이 만날 때 재미있는 성질 하나를 더 발견할 수 있어. 다음 그림을 봐. 그림에서 각 ㄱ과 각 ㄷ은 같은 위치에 있는 각이니까 같아. 각 ㄱ=각 ㄷ이라 쓸 수 있어.

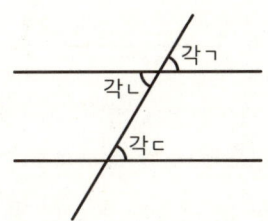

코아 각 ㄱ과 각 ㄴ은 맞꼭지각이니까 서로 크기가 같아. 각 ㄱ=각 ㄴ이 되는 거지.

베드몬 그러니까 각 ㄴ과 각 ㄷ은 항상 같아. 이 두 각은 서로 엇갈린 위치에 있지? 그래서 이 두 각을 엇각이라고 불러.

사각 왕국의 공주들
사각형의 종류

코마 사각 왕국 공주들의 얼굴 모양이 다르던데, 사각형에도 여러 종류가 있어?

베드몬 물론이야. 네 개의 선분으로 둘러싸인 도형을 사각형이라고 불러. 이때 점 ㄱ, 점 ㄴ, 점 ㄷ, 점 ㄹ을 사각형의 꼭짓점이라고 부르고 이웃하는 꼭짓점을 연결한 선분을 변이라고 불러. 사각형은 네 개의 변과 네 개의 꼭짓점을 가지고 있지.

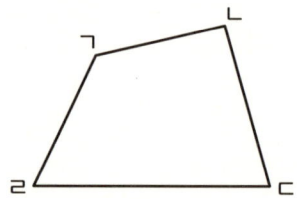

매쓰워치 어떤 종류의 사각형들이 있지?

베드몬 사각형의 네 개의 각이 모두 직각일 때 그 사각형을 직사각형이라고 불러. 아래 그림과 같은 사각형은 네 개의 각이 모두 직각이지? 그러므로 사각형 ㄱㄴㄷㄹ은 직사각형이야.

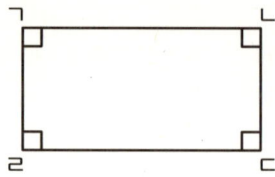

매쓰워치 직사각형에서는 서로 마주 보는 변의 길이가 같네.

코마 그렇네. 변 ㄱㄴ의 길이와 변 ㄷㄹ의 길이가 같고, 변 ㄱㄹ의 길이와 변 ㄴㄷ의 길이가 같네. 서로 마주 보는 변의 길이가 같아.

베드몬 직사각형 중에서 특별히 네 개의 변의 길이가 모두 같은 것을 정사각형이라고 불러. 즉, 정사각형은 네 변의 길이가 같고 네 각의 크기가 90°로 모두 같은 사각형이야. 그림처럼 변 ㄱㄴ, 변 ㄴㄷ, 변 ㄹㄷ, 변 ㄱㄹ의 길이가 모두 같으므로 사각형 ㄱㄴㄷㄹ은 정사각형이야.

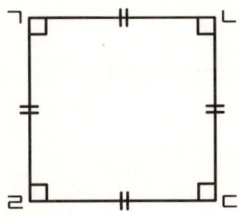

코마 정사각형과 직사각형은 네 각이 모두 직각이네.

베드몬 그래. 하지만 그렇지 않은 재미있는 사각형도 있어. 다음 사각형을 봐. 변 ㄱㄹ과 변 ㄴㄷ이 평행이지?

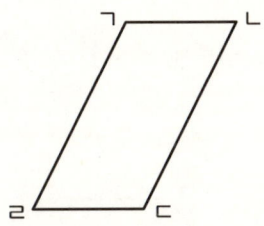

코마 변 ㄱㄴ과 변 ㄷㄹ도 평행이야.

〈베드몬〉 맞아. 이렇게 마주보는 두 쌍의 변이 서로 평행인 사각형을 평행사변형이라고 불러. 사각형 ㄱㄴㄷㄹ은 평행사변형이야. 평행사변형에는 다음과 같은 두 가지 성질이 있어.
1) 마주 보는 두 쌍의 변의 길이가 서로 같다.
2) 마주 보는 두 쌍의 각의 크기가 서로 같다.

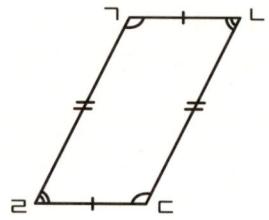

〈코마〉 한 쌍만 평행일 수도 있잖아?

〈베드몬〉 물론. 한 쌍만 평행인 사각형을 사다리꼴이라고 불러. 사다리꼴은 다음과 같이 생긴 사각형이야. 변 ㄱㄴ과 변 ㄹㄷ이 서로 평행이지? 이렇게 마주 보는 한 쌍의 변이 평행인 사각형을 사다리꼴이라고 불러. 이때 위에 있는 변 ㄱㄴ을 윗변, 아래에 있는 변 ㄹㄷ을 아랫변이라고 부르고 윗변과 아랫변 사이의 거리를 높이라고 불러.

〈매쓰워치〉 높이는 아랫변과 윗변에 직각인 선을 그으면 되는 것쯤은 이제 그냥 알겠어.

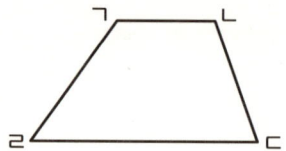

<코마> 이제 특수한 사각형은 모두 배운거네.

<베드문> 아니. 하나가 남았어. 다음 사각형을 봐. 네 개의 변이 길이가 모두 같지? 이렇게 네 개의 변의 길이가 같은 사각형을 마름모라고 불러. 마름모에는 다음과 같은 성질이 있어.

1) 네 변의 길이가 같다.
2) 마주보는 두 쌍의 변이 평행이다.
3) 마주 보는 두 쌍의 각의 크기가 같다.

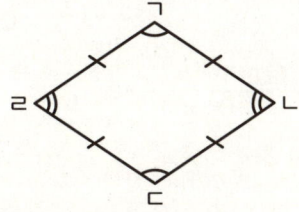

<코마> 사각형이 삼각형보다 종류가 많군!

▶▶▶ 개념 정리 QUIZ

1. 시계가 5시 정각을 가리킬 때 시계의 두 바늘이 이루는 작은 쪽의 각도를 구하라.

2. 다음 평행사변형에서 □안에 알맞은 수나 각도를 써 넣어라.

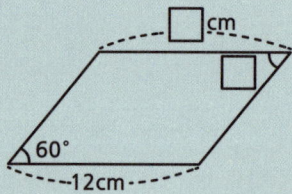

3. 다음 그림에서는 크고 작은 직각삼각형을 모두 몇 개나 찾을 수 있는가?

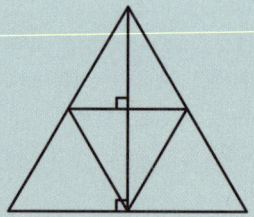

※ Quiz의 정답은 126쪽에 있습니다.

 정완상 교수의 QR 강의

▶▶▶ 개념 다지기

삼각형의 세 각의 합은 항상 180°이다

삼각형의 세 각의 합이 180°가 되는 것을 증명해 봅시다. 우선 삼각형 ABC에서 변 BC와 평행하면서 꼭짓점 A를 지나는 평행선을 그려 봅시다. 그리고 평행선 위에 A와 다른 두 점을 아래 그림과 같이 D, E로 나타내 봅시다.

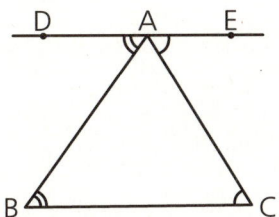

평행선과 선분 AB에 대해 엇각끼리 같으므로 ∠DAB=∠B가 됩니다. 마찬가지로 평행선과 선분 AC에서 엇각끼리 같으므로 ∠EAC=∠C가 됩니다.

삼각형의 세 각의 합은 ∠A+∠B+∠C인데 위 사실로부터 정리해 보면, 이것은 ∠DAB+∠A+∠EAC와 같아지지요. ∠DAB, ∠A, ∠EAC은 일직선을 만들기 때문에 ∠DAB+∠A+∠EAC=180°가 됩니다.

따라서 ∠A+∠B+∠C=180°가 되지요. 이것으로 우리는 삼각형의 세 각의 합이 180°임을 증명했습니다.

QR코드를 통해 정완상 교수의 강의를 직접 들어 봅시다.

GAME 2

완전히 포개지는 도형 그리고 그 도형의 넓이

왜 수학에서 도형 영역을 어려워하는 친구들이 많을까? 이런 친구들은 정형화된 도형만을 떠올리는, 즉 제한적인 도형 이미지를 가지고 있는 경우가 많다. 같은 도형을 뒤집거나 돌려만 놓아도 같은 도형임을 인식하지 못하기도 한다. 도형 영역은 재미있게, 주제에 해당하는 개념을 눈으로 살펴보고, 그리고, 재어 보고, 이동하는 등의 조작 활동을 통해 올바른 개념을 형성하고, 공간 감각을 향상시킬 수 있어야 한다. 그래야 이를 바탕으로 한 단계 높은 사고력과 문제 해결력을 높일 수 있는 문제에 도전할 수 있다.

납치된 사각 왕국의 공주를 구하라
완전히 포개지는 도형

베드몬 정사각형 공주를 구하면서 우리가 중요한 사실을 하나 배웠어. 완전히 포개어지는 것에 대한 것인데, 두 삼각형이 완전히 포개어지는 경우를 생각해 봐. 그림과 같은 두 삼각형은 완전히 포개질 수 있어. 즉 이 두 삼각형은 완전히 똑같이 생겼지. 이렇게 두 삼각형이 완전히 포개어질 수 있을 때, 서로 대응하는 변의 길이도 같고 대응하는 각의 크기도 같아.

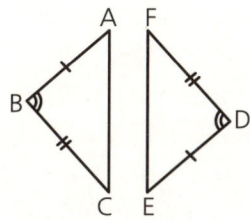

코아 변 AB와 변 ED의 길이는 같아. 이 정도는 알지.

베드몬 맞아. 변의 길이가 같은 것끼리 써 보면 다음과 같아. AB의 길이=변 DE의 길이, 변 AC의 길이=변 EF의 길이, 변 BC의 길이=변 DF의 길이가 돼. 또 마찬가지로 서로 대응하는 각의 크기가 같으니까 ∠A=∠E, ∠B=∠D, ∠C=∠F가 되는 거고.

매쓰워치 그래. 겹쳐 보면 완전히 똑같으니까.

베드몬 완전히 포개어지는 두 삼각형에서 대응하는 변의 길이와 대응하는 각이 같다는 성질을 이용하면 재미있는 측정을 할 수 있어.

53

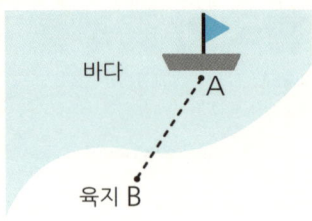

베드몬 저기 바다에 떠 있는 배까지의 거리를 구해 볼게. 배의 위치를 점 A라고 하고 점 B에서 배까지의 거리를 구한다고 해 봐. 바다를 건너지 않고도 두 점 A와 B 사이의 거리를 구할 수 있어.

코마 어떻게? 설마 하늘로 날아서?

베드몬 아니야, 간단해. 다음 그림처럼 완전히 포개어지는 두 삼각형을 만들면 돼. 그림으로 그려 볼게.

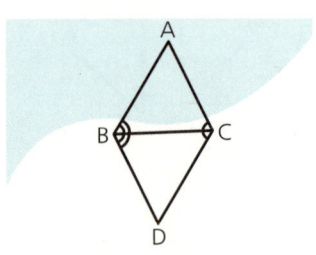

베드몬 ∠CBA를 측정하여 그것과 같은 크기의 각이 되게 ∠CBD를 만들고, ∠ACB와 같은 크기의 각이 되게 ∠BCD를 만들어 점 D를 결정했어. 이때 삼각형 ABC와 삼각형 DBC는 완전히 포개어지는 삼각형이야.

코마 두 삼각형이 완전히 똑같다는 얘기지?

베드몬 맞아. 변 AB에 대응하는 변은 변 BD이니까 변 AB의 길이와 변 BD의 길이가 같아. 즉 점 B에서 점 A에 있는 배까지의 거리는 점 B에서 점 D까지의 거리를 재면 결정되지.

>코마< 우와! 바다를 건너지 않고도 배까지의 거리를 재다니 수학은 대단한 것 같아.

삼각형의 넓이를 구할 때는 왜 ÷2를 할까?
삼각형과 사각형의 넓이 구하기

>베드로< 이번에는 삼각형과 사각형의 넓이에 대해 알아볼게. 우선 직사각형을 그려 봐. 직사각형의 넓이는 구할 줄 알지? (직사각형의 넓이)=(가로의 길이)×(세로의 길이)라는 것은 코마 너도 이미 배웠잖아?

>코마< 그래, 알지. 정사각형은 가로의 길이와 세로의 길이가 같잖아?

>베드로< 그러니까 정사각형의 넓이는 한 변의 길이에 또 길이가 같은 한 변의 길이를 곱하는 거야. (정사각형의 넓이)=(한 변의 길이)×(한 변의 길이)가 돼.

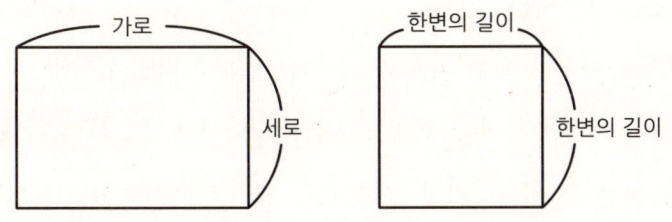

(코아) 평행사변형의 넓이를 배울 땐 조금 헷갈렸어!

(베드몬) 다음과 같은 평행사변형 ㄱㄴㄷㄹ이 있다고 하자. 이제 점 ㄱ에서 변 ㄹㄷ으로 수선을 그려 봐.

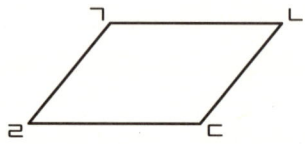

(매쓰워치) 수선이 뭐더라?

(베드몬) 점 ㄱ에서 변 ㄹㄷ에 수직으로 그은 직선을 말해. 이때 수선은 선분 ㄱㅁ이 되지. 수선의 길이를 높이라고 불러. 이때 평행사변형의 넓이를 구해 볼게. (평행사변형의 넓이)=(아랫변의 길이)×(높이)인데, 왜 그렇게 되는지 헷갈려 하는 친구들이 많더라고.

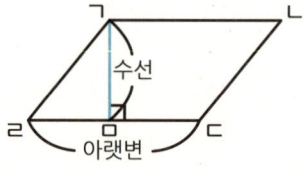

(코아) 잘 이해가 안 돼.

(베드몬) 다음 그림을 봐. 그림처럼 점 ㅂ을 그리면 삼각형 ㄱㅁㄹ과 삼각형 ㄴㅂㄷ은 완전히 포개어지거든. 그러니까 두 삼각형의 넓이는 같아. 그러니까 평행사변형 ㄱㄴㄷㄹ의 넓이는 직사각형 ㄱㄴㅂㅁ의 넓이

와 같게 되는 거야. 이 직사각형의 가로는 평행사변형의 아랫변이고 세로는 평행사변형의 높이가 되거든.

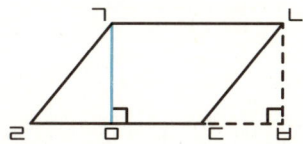

매쓰워치 아하! 이제 쉽게 이해가 되네.

코마 나도 이해했어. 삼각형의 넓이를 구하는 것도 저렇게 그림으로 한 번 설명해 줘. 삼각형의 넓이를 구하는 것이 늘 헷갈렸어.

베드몬 삼각형의 넓이는 직사각형의 넓이를 이용해서 구해. 다음 그림을 봐. 삼각형에서 한 꼭짓점 ㄱ에서 밑변 ㄴㄷ에 수선을 그으면 수선의 길이가 삼각형의 높이가 돼. 이때 삼각형 ㄱㄴㄷ의 넓이는 (삼각형의 넓이)=(밑변의 길이)×(높이)÷2가 돼.

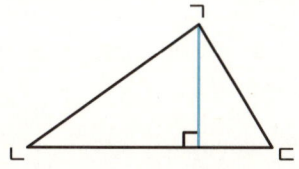

코마 여기에서 왜 2로 나누는 건지 항상 궁금했어.

베드몬 다음 그림처럼 위에 그렸던 삼각형에 직사각형을 그리면, 이때 삼각형 ㄱㄴㄹ과 삼각형 ㄱㄴㅁ은 완전히 포개어지니까 두 삼각형의 넓이는 같아.

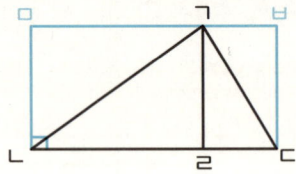

매쓰워치 삼각형 ㄱㄹㄷ과 삼각형 ㄷㅂㄱ도 완전히 포개어지니까 두 삼각형의 넓이는 같네.

베드몬 그러니까 직사각형 ㅁㅂㄷㄴ의 넓이는 삼각형 ㄱㄴㄷ의 넓이의 두 배가 되거든. 이때 직사각형의 가로는 삼각형의 밑변이고 직사각형의 세로는 삼각형의 높이가 되잖아. 그래서 삼각형의 넓이는 직사각형 ㅁㅂㄷㄴ의 넓이를 2로 나눈 값이 되는 거야.

코마 그렇군. 늘 아리송했던 것들이 이렇게 설명을 듣고 나면 별거 아니란 말이야. 이러다가 나 수학 박사가 되겠는데?

▶▶▶ 개념 정리 QUIZ

1. 다음 삼각형의 둘레의 길이가 24cm일 때 넓이를 구하라.

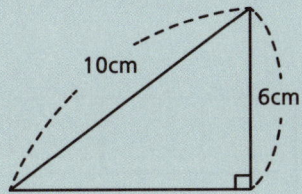

2. 다음 도형 속에는 완전히 포개어지는 직각삼각형이 몇 개일까?

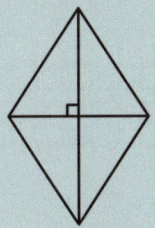

3. 넓이가 400cm^{2}인 정사각형의 한 변의 길이는?

※ Quiz의 정답은 127쪽에 있습니다.

▶▶▶ 개념 다지기

크고 작은 직사각형 헤아리기

다음 그림에서 찾을 수 있는 크고 작은 직사각형은 모두 몇 개인지 헤아려 봅시다.

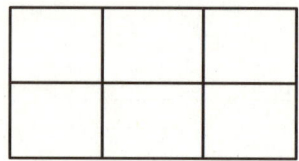

한 칸으로 이루어진 직사각형은 모두 6개예요. 그림으로 살펴보면 다음과 같아요.

두 칸으로 이루어진 직사각형은 모두 7개이고, 그림으로 살펴보면 다음과 같아요.

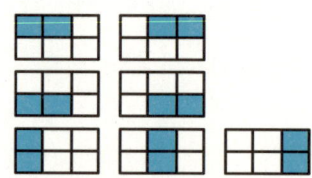

세 칸으로 이루어진 직사각형은 다음 그림처럼 2개예요.

네 칸으로 이루어진 직사각형도 다음 그림처럼 2개네요.

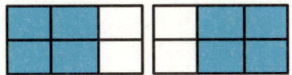

여섯 칸으로 이루어진 직사각형은 다음 그림처럼 1개고요.

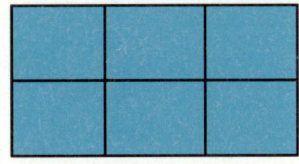

그러므로 주어진 그림에서 찾을 수 있는 크고 작은 직사각형은 모두 6+7+2+2+1=18(개)가 되지요.

QR코드를 통해 정완상 교수의 강의를 직접 들어 봅시다.

GAME 3

도형의 닮음과 대각선

물체나 도형이 모양과 크기가 같아서 완전히 포개어지는 것을 합동이라고 했다. 합동인 도형은 모양과 크기가 같아 완전히 포개어지는데 이때 겹쳐지는 꼭짓점인 대응점, 겹쳐지는 변인 대응변, 겹쳐지는 각인 대응각의 크기가 서로 같다. 지금부터는 모양은 같지만 크기가 다른 물체나 도형을 말하는 닮음에 대해 살펴보자. 닮음인 도형은 어떤 도형을 일정한 비율로 확대하거나 축소한 도형을 말한다. 이때 닮음인 도형의 변의 길이는 일정한 비율로 변하지만, 대응하는 세 각의 크기는 각각 서로 같다.

두 삼각형이 닮으면 생기는 일?
삼각형의 닮음

베드몬 이번에 우리가 공부할 주제는 삼각형의 닮음이야. 바늘몬! 우리를 도와줘!

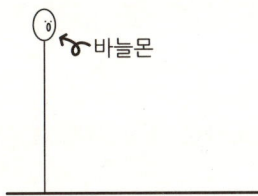

코마 바늘몬이라고? 키가 엄청 크다!

베드몬 바늘몬의 키를 재 봐.

매쓰워치 내가 가진 자는 1미터까지만 잴 수 있어. 바늘몬은 너무 커서 잴 수가 없는데?

베드몬 삼각형의 닮음을 이용하면 쉬워. 지팡이몬! 나타나 줘!

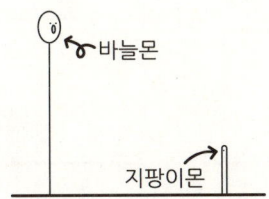

베드몬 매쓰워치, 네가 가진 자로 지팡이몬의 키를 재 봐.

매쓰워치 정확하게 1미터야.

코마 이제 어떻게 해?

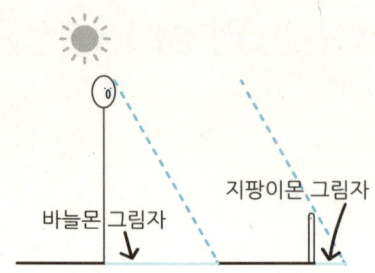

바늘몬 그림자   지팡이몬 그림자

베드몬 자! 이제 바늘몬과 지팡이몬의 그림자의 길이를 잴 거야. 태양 광선을 점선으로 나타냈어.

매쓰워치 그래. 점선으로 표시된 태양 광선과 바늘몬의 그림자, 지팡이몬의 그림자가 모두 보여.

베드몬 태양 광선이 평행하기 때문에 바늘몬, 바늘몬의 그림자, 태양 광선이 만드는 삼각형과 지팡이몬, 지팡이몬의 그림자, 태양 광선이 만드는 삼각형은 서로 닮은 꼴이 되거든. 자, 두 삼각형에 꼭짓점을 표시해서 나타내 볼게.

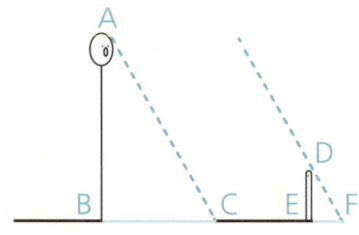

코아 바늘몬은 삼각형 ABC를 만들었고, 지팡이몬은 삼각형 DEF를 만들었어.

베드몬 두 삼각형이 닮으면, 대응되는 변의 길이의 비가 같아. 그리고 대응되는 각의 크기도 같지. 삼각형 ABC와 삼각형 DEF를 봐. 완전히 닮았잖아? 이때 변 AB의 길이와 변 DE의 길이의 비는 변 BC의 길이와 변 EF의 길이의 비랑 같아. 변 AB의 길이를 수학에서는 $\overline{AB}$라고 쓰니까 이것을 수식으로 나타내면 $\overline{AB}:\overline{BC}=\overline{DE}:\overline{EF}$가 돼. 비례식에서는 내항의 곱과 외항의 곱이 같으니까 $\overline{BC}\times\overline{DE}=\overline{AB}\times\overline{EF}$이 돼. 그러니까 $\overline{BC}$, $\overline{DE}$, $\overline{EF}$를 알면 $\overline{AB}$를 알 수 있지.

매쓰워치 좋았어. 각각의 길이는 내가 잴게. $\overline{BC}$=바늘몬의 그림자의 길이 =360cm, $\overline{DE}$=지팡이몬의 길이=100cm, 그리고 $\overline{EF}$=지팡이몬의 그림자의 길이=40cm가 되네.

베드몬 이제 이 수치들을 비례식으로 만들어서 $\overline{AB}$를 구하면 되겠지? 코마, 이제 네 차례야!

코마 그러면 비례식은 $\overline{AB}:360=100:40$이 되는군. 비례식에서는 내항의 곱과 외항의 곱이 같으니까 $40\times\overline{AB}=360\times100$이 되어 $\overline{AB}=900$(cm)가 되네. 그러니까 바늘몬의 키는 9미터야.

베드몬 그래, 잘했어!

다각형의 이웃하지 않은 꼭짓점을 연결하라!
대각선

베드몬 이번에 공부할 주제는 대각선이야. 우선 다각형에 대해 알아야 해. 다각형은 선분만으로 둘러싸인 도형이야. 선분의 개수가 세 개면 삼각형, 네 개면 사각형, 다섯 개면 오각형 등으로 부르고 이들 모두를 합쳐 다각형이라고 불러.

삼각형   사각형   오각형

매쓰워치 다각형에서 변의 길이가 모두 같은 것도 있겠네?

베드몬 물론이야. 변의 길이가 모두 같고 각의 크기가 모두 같은 다각형을 정다각형이라고 불러. 변의 수가 세 개면 정삼각형, 네 개면 정사각형, 다섯 개면 정오각형 등으로 부르지.

매쓰워치 이해했어.

베드몬 이제 대각선에 대해 공부할 차례야. 다각형에서 이웃하지 않은 꼭짓점을 연결한 선분을 대각선이라고 해. 예를 들어 볼까? 다음에 그려진 사각형 ㄱㄴㄷㄹ에서 대각선을 그리면 다음과 같아.

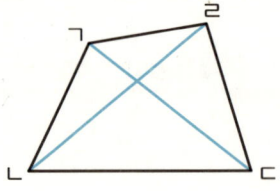

코아 선분 ㄱㄷ과 선분 ㄴㄹ이 대각선이네.

<베드몬> 맞아. 사각형에는 두 개의 대각선을 그릴 수 있어. 이번에는 오각형에서 대각선의 개수를 헤아려 볼까? 오각형은 다섯 개의 꼭짓점을 가지고 있어. 가장 위에 있는 꼭짓점에서 대각선을 그려 봐.

<코아> 내가 해 볼게. 맨 위에 있는 꼭짓점에서 대각선을 그리면? 두 개 그릴 수 있어.

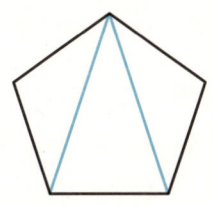

<베드몬> 한 개의 꼭짓점에서 다른 꼭짓점으로 두 개의 선분을 그릴 수 있지? 이 선분이 바로 대각선이야.

<코아> 정오각형은 다섯 개의 꼭짓점이 있으니까 대각선은 모두 두 개씩 그릴 수 있어. 그러니까 정오각형에 그릴 수 있는 대각선의 수는 5×2=10(개)가 생기겠네?

<베드몬> 그렇지 않아!

<코아> 아니라고?

<베드몬> 다음 그림의 대각선을 봐. 이 선분은 검정색 점으로 표시한 꼭짓점에서 그은 선분이라고도 볼 수 있고 회색 점으로 표시한 꼭짓점에서 그은 선분이라고 볼 수 있잖아. 이런 식으로 네가 10개라고 헤아릴 때 똑같은 대각선이 두 번씩 헤아려진 셈이야. 그러니까 실제 대각선의 수는 10÷2=5(개)가 돼.

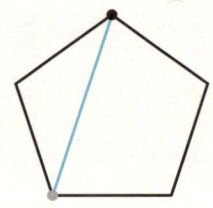

매쓰워치 헷갈리면 모든 대각선을 직접 그려 볼까? 겹치는 것은 빼고 차례 대로 그려 보니 대각선이 다섯 개 그려지는 게 맞네!

코마 그러네! 저 모습 좀 봐! 다섯 개의 대각선을 그렸더니 별이 만들어졌어.

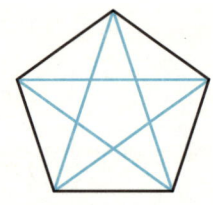

▶▶▶ 개념 정리 QUIZ

1. 다음 중 다각형은 모두 몇 개인가?

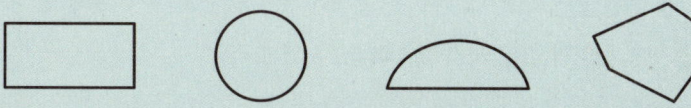

2. 8개의 변의 길이의 합이 208cm인 정팔각형이 있다. 이 정팔각형의 한 변의 길이는 몇 cm인가?

3. 다음 그림에서 변 BC의 길이를 구하라. 선분 BC와 선분 DE는 평행이다.

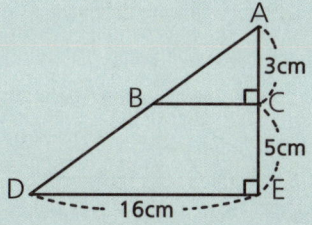

※ Quiz의 정답은 128쪽에 있습니다.

>>> **개념 다지기**

마름모의 넓이 구하는 공식을 만들어 볼까?

다음 그림을 볼까요? 네 개의 변의 길이가 모두 같지요? 이렇게 네 개의 변의 길이가 같은 사각형을 마름모라고 불러요.

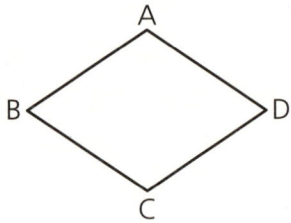

마름모에는 다음과 같은 성질이 있어요.

1) 네 변의 길이가 같다.
2) 마주 보는 두 쌍의 변이 평행이다.
3) 마주 보는 두 쌍의 각의 크기가 같다.
4) 마름모에서 두 대각선은 수직으로 만난다.

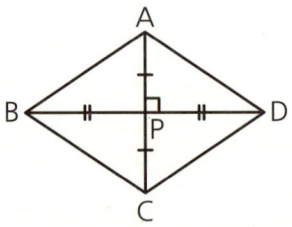

위 그림에서 $\overline{AP}=\overline{PC}$, $\overline{BP}=\overline{PD}$가 돼요. 이제 마름모의 넓이를 구해 봅시다.

다음 그림과 같이 마름모를 에워싸는 직사각형을 그려 볼까요?

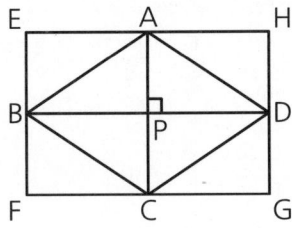

위 그림에서 (삼각형 ABE의 넓이)=(삼각형 ABP의 넓이), (삼각형 ADH의 넓이)=(삼각형 ADP의 넓이), (삼각형 CBF의 넓이)=(삼각형 CBP의 넓이), (삼각형 CDP의 넓이)=(삼각형 CDG의 넓이)가 되므로 마름모 ABCD의 넓이는 직사각형 EFGH의 넓이의 $\frac{1}{2}$배가 돼요.
직사각형의 넓이는 바로 마름모의 두 대각선의 길이의 곱이 되지요. 그러므로 마름모의 넓이 구하는 공식은 다음과 같습니다.
(마름모 ABCD의 넓이)=$\frac{1}{2}$×(대각선 AC의 길이)×(대각선 BD의 길이)

QR코드를 통해 정완상 교수의 강의를 직접 들어 봅시다.

GAME 4

직각삼각형과 피타고라스의 정리

피타고라스의 정리는 그 증명 방법이 수백 가지나 알려져 있을 정도로 쉽고 기본적인 정리이다. 피타고라스의 정리를 이용하면 직접 측량하지 못하는 거리, 높이를 구할 수 있다. 또 거대한 구조물들을 수직으로 똑바로 세우는 일도 가능하다. 직각삼각형에 관한 관계식이 '삼각 함수'로 발전한 데에서 피타고라스의 정리의 진정한 가치가 잘 나타난다. 삼각 함수는 자연계에 나타나는 각종 진동과 파동 현상처럼 반복적이고 연속적인 현상을 보다 근본적으로 이해하게 했다. 또 휴대폰도, 전기와 전자 분야에 대한 이해도 삼각 함수가 없었다면 불가능했을 것이다.
피타고라스의 정리를 증명하는 방법을 찾아가는 과정을 함께 하면서 다양한 수학적 원리를 경험할 수 있다.

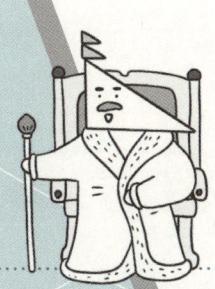

직각삼각형의 빗변에 숨겨진 이야기
피타고라스의 정리

코마 어떻게 세 개의 정사각형을 직각삼각형의 세 변에 붙일 생각을 했지?

베드몬 피타고라스의 정리를 사용한 거야. 피타고라스는 고대 그리스의 위대한 수학자야. 다음과 같은 직각삼각형을 봐. 직각삼각형에서 제일 긴 변을 빗변이라고 해. 그러니까 이 삼각형에서 빗변의 길이는 5(cm)이고, 다른 두 변의 길이는 3(cm)와 4(cm)이지.

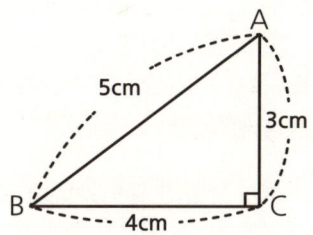

매쓰위치 코마, 이제 각 변을 한 변의 길이로 갖는 정사각형을 붙여 봐.

코마 이렇게 하면 될 것 같은데?

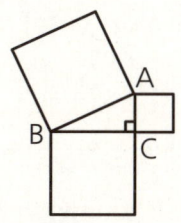

베드몬 아주 잘 그려졌네.

<코마> 새로운 나라, 직삼정사국의 국기로 좋은 것 같아.

<베드몬> 맞아. 이제 피타고라스의 정리를 좀 정리해 봐야겠지? 피타고라스의 정리는 다음과 같아. 직각삼각형에서 빗변을 한 변으로 갖는 정사각형의 넓이는 다른 두 변을 한 변으로 갖는 정사각형의 넓이의 합과 같다.

<코마> 그림으로 나타내면 다음과 같군.

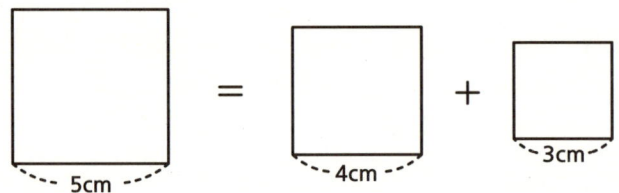

<베드몬> 맞아. 계산해 보니 정확해!

(한 변의 길이가 5cm인 정사각형의 넓이)=5×5=25(cm^2)

(한 변의 길이가 4cm인 정사각형의 넓이)=4×4=16(cm^2)

(한 변의 길이가 3cm인 정사각형의 넓이)=3×3=9(cm^2)

<코마> 그렇다면 25=16+9가 되네.

<베드몬> 맞아. 그러니까 5×5=4×4+3×3이 되는 거야.

<코마> 아하! 대정사국의 국기는 한 변의 길이가 50cm인 정사각형이고, 중정사국의 국기는 한 변의 길이가 40cm인 정사각형이고, 소정사국의 국기는 한 변의 길이가 30cm인 정사각형이었어. 그런데 50×50=2500, 40×40=1600, 30×30=900이니까 50×50=40×40+30×30이

되네. 그래서 빗변의 길이가 50cm이고 다른 두 변의 길이가 40cm와 30cm인 직각삼각형을 가운데에 먼저 그리고, 그 직각삼각형에 한 변의 길이가 각각 50cm, 40cm, 30cm인 세 개의 정사각형을 붙이면 딱 들어맞는구나.

베드몬 그렇지.

매쓰워치 코마, 제법인데?

정사각형에 대각선을 그려서 시작해!
피타고라스의 정리의 간단한 증명

베드몬 피타고라스의 정리를 간단하게 증명하는 방법이 있어.

코마 어떻게?

베드몬 정사각형을 하나 그려 봐. 그러고 나서 정사각형 안에 대각선을 하나 그리는 거야.

코마 대각선쯤이야 이제 쉽게 그리지!

매쓰워치 정사각형에 대각선을 그리니까 삼각형 두 개가 만들어졌어.

베드몬 여기서 색칠한 삼각형과 색칠하지 않은 삼각형은 완전히 포개어지는 도형이야.

코마 그러면 두 삼각형의 넓이가 같아.

매쓰워치 두 삼각형 모두 직각삼각형이네.

베드몬 맞아. 그러니까 정사각형의 대각선이 직각삼각형의 빗변이 돼.

매쓰워치 빗변이 아닌 다른 두 변은 길이가 같네.

베드몬 맞아. 이렇게 두 변의 길이가 같은 직각삼각형을 직각 이등변삼각형이라고 불러.

매쓰워치 정사각형의 넓이는 직각 이등변삼각형의 넓이의 2배가 돼.

베드몬 좋은 발견이야. 자! 이제 색칠한 직각 이등변삼각형의 각각의 변을 한 변의 길이로 갖는 정사각형을 그리면 다음과 같아.

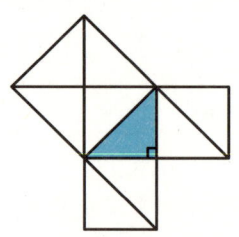

매쓰워치 빗변을 한 변으로 하는 정사각형 속에는 직각 이등변삼각형이 4개 들어 있어.

코마 빗변이 아닌 변을 한 변으로 하는 정사각형 속에는 직각 이등변삼각형이 2개 들어 있어.

베드몬 그러니까 빗변을 한 변으로 하는 정사각형의 넓이는 색칠한 직각 이등변삼각형의 넓이의 4배이고, 다른 변을 한 변으로 하는 정사각형의 넓이는 색칠한 직각 이등변삼각형의 넓이의 2배잖아? 피타고라스의 정리 증명 끝! 어때?

⟨ 코마 ⟩ 응. 완벽하게 이해했어!

▶▶▶ 개념 정리 QUIZ

1. 직각삼각형에서 빗변이 아닌 다른 두 변의 길이가 5와 12일 때 빗변의 길이를 구하라.

2. 빗변의 길이가 8인 직각삼각형에서 빗변이 아닌 변들을 한 변으로 하는 정사각형의 넓이의 합은 얼마인가?

3. 다음과 같은 이등변삼각형의 넓이를 구하라.

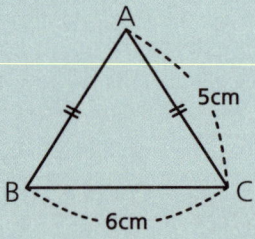

※ Quiz의 정답은 129쪽에 있습니다.

개념 다지기

피타고라스의 정리를 증명하라!

다음과 같은 정사각형 ABCD를 생각해 봅시다.

이 정사각형의 넓이를 다음과 같은 그림으로도 나타낼 수 있지요.

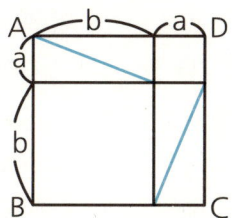

(1)

이 정사각형 ABCD를 다음과 같이 나눠 봅시다.

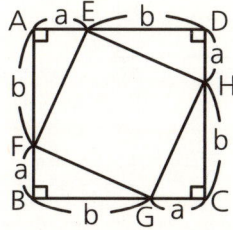

삼각형 AEF에서 ∠A는 직각이고 삼각형의 세 각의 합은 180°이므로

∠AEF+∠AFE=90°가 돼요. ∠AEF=α, ∠AFE=β라고 하면 α+β=90°이지요.

삼각형 AEF와 삼각형 BFG는 완전히 포개어지는 도형이므로 ∠GFB=∠AEF=α가 돼요. 한편 ∠AFE+∠EFG+∠GFB=180° 또는 α+β+∠EFG=180°이고 α+β=90°이므로 ∠EFG=90°가 돼요. 마찬가지로 ∠FEH=90°이지요. 또한, 삼각형 AEF와 삼각형 BFG는 완전히 포개어지는 도형이므로 $\overline{EF}=\overline{FG}$가 돼요. 그러므로 사각형 EFGH는 정사각형이 되지요. 정사각형 EFGH의 한 변의 길이를 c라고 하면 이 정사각형의 넓이는 c×c가 되지요. 이때 사각형 ABCD의 넓이는 다음과 같이 그림으로 나타낼 수 있어요.

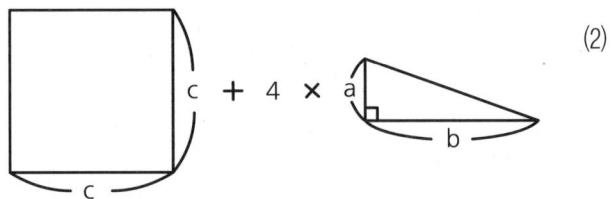

(2)

(1)과 (2)를 비교하면,

가 되므로 피타고라스의 정리가 성립합니다.

QR코드를 통해 정완상 교수의 강의를 직접 들어 봅시다.

GAME 5

삼각형을 이용한 건축물과 사각형 화가

파리의 상징인 에펠탑, 기둥이 없는 공 모양의 건축물인 지오데식 돔, 서울 구로구 고척동에 있는 고척 스카이 돔 야구장은 모두 삼각형을 이용한 건축물이다. 삼각형과 사각형에 대해 살펴보자. 또 직선과 사각형만으로 그림을 그린 현대 화가 몬드리안의 이야기까지 만나 보자. 그는 직선과 직각, 삼원색과 무채색만을 사용해 규칙적이고 단순한 아름다움을 그린 추상 미술의 대표적인 화가로 그의 작품은 미술, 건축, 패션 등 현대 문화 전반에 큰 영향을 미쳤다.

튼튼한 건축물을 지어라!
삼각형의 힘

<코마> 사각형 틀을 삼각형 틀로 바꾸었을 뿐인데 왜 사각형 틀은 강풍에 무너지고, 삼각형 틀은 무너지지 않은 거지?

<베드몬> 좋아! 사각틀, 콜! 자, 코마! 저 사각틀을 밀어 볼래?

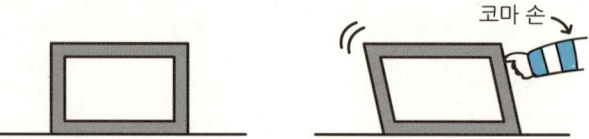

<코마> 어? 살짝 밀었는데도 모양이 변했어.

<베드몬> 자, 이제 삼각틀, 콜! 이번엔 매쓰위치가 저 삼각틀을 한 번 밀어 볼래?

<코마> 어? 삼각틀은 모양이 안 변하네?

<베드몬> 바로 이 성질이야. 사각형은 바람과 같은 외부의 작은 힘에도 모양이 쉽게 변하지만 삼각형은 외부의 힘을 받아도 모양이 잘 변하지 않는 성질이 있거든. 그래서 튼튼한 건축물을 지을 때는 삼각형을 이용하는 거야.

<코마> 삼각형을 이용해 지은 건축물들이 있어?

<베드몬> 물론이지. 대표적인 것이 우리도 잘 알고 있는 에펠탑이야.

<코마> 에펠탑도 삼각형 구조라고?

<베드몬> 에펠탑은 높이 324m의 철탑인데 삼각형을 이용해서 만들었어. 그 외에도 파리의 퐁피두 예술 문화 센터나 서울 구로구 고척동에 있는 고척 스카이 돔 야구장도 삼각형을 이용한 건축물이야.

<매쓰워치> 삼각형 구조의 건축물이 많구나?

<베드몬> 건축가 벅민스터 풀러는 1967년 몬트리올 엑스포에서 미국관을 지오데식 돔으로 지었어. 지오데식 돔은 기둥 없이도 무거운 물체를 받칠 수 있는 공 모양의 건축물인데 자세히 들여다보면 삼각형을 연결해서 만든 구조야.

<코마> 삼각형의 힘이 어마어마하네.

파리의 상징, 에펠탑

기둥 없는 공 모양의 건축물, 지오데식 돔

직선과 사각형만으로 그림을 그리다!
현대 화가 몬드리안

베드몬 직선과 사각형만 이용해서 그림을 그린 유명한 화가가 있어.

코마 그건 나도 할 수 있겠는데?

베드몬 그렇게 쉬운 일이 아니야. 뛰어난 미적 감각이 있어야지.

매쓰워치 그 화가가 누군데?

베드몬 네덜란드의 화가, 몬드리안이야. 그는 직선과 사각형만으로 그림을 그린 현대 화가야.

매쓰워치 왜 직선과 사각형만 사용한 거지? 도형이라도 삼각형도 있고 원도 있잖아?

베드몬 몬드리안은 직선과 사각형이 우주의 근본이라고 믿었어. 네덜란드를 떠나 뉴욕으로 건너간 몬드리안은 직선과 사각형만으로 수많은 작품을 발표했어.

매쓰워치 어떤 작품이 있는데?

베드몬 다음 그림을 봐. 내가 몬드리안의 그림을 따라 그려 봤어.

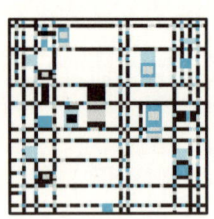

매쓰워치 정말 직선과 사각형뿐이네. 이게 뭘 나타내는 거지?

코마 지하철 노선표를 닮았는데?

베드몬 이 작품은 몬드리안의 브로드웨이 부기우기라는 작품이야. 브로드웨이는 미국 뉴욕의 번화한 거리야. 여기서는 색깔이 잘 안 보이지만, 몬드리안은 빨강, 노랑, 파랑의 삼원색과 흰색과 회색 계통의 무채색을 띤 크고 작은 사각형들을 이용해 뉴욕 브로드웨이 거리를 표현했지. 파랑과 빨강은 뉴욕 밤거리의 찬란한 네온사인을 나타낸 거야.

매쓰워치 노랑은?

베드몬 뉴욕 거리에 수 많은 택시를 나타내. 뉴욕의 택시는 노란색이거든.

매쓰워치 설명은 듣고 보니 뉴욕 거리가 떠올라. 그런데 이 그림은 어디로 가면 볼 수 있지?

베드몬 미국 뉴욕에 있는 현대미술관에 가면 돼.

매쓰워치 다음에 꼭 가 봐야겠네.

코마 나도.

베드몬 직접 가서 보면 더 좋겠지만, 인터넷을 이용해서 작품을 찾아보는 것도 좋겠지?

▶▶▶ 개념 정리 QUIZ

1. 정오각형의 한 각의 크기를 구하라.

2. 다음 그림에 있는 9개의 점이 도형 안에 갇히도록 정사각형 두 개를 더 그려라.

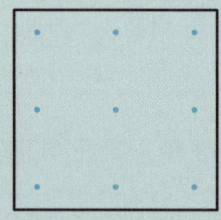

3. 다음 그림에서 어두운 부분의 넓이를 구하라. 직사각형 ABCD의 넓이는 40이다.

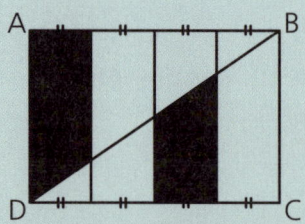

※ Quiz의 정답은 130쪽에 있습니다.

▶▶▶ 개념 다지기

오각별의 다섯 개의 각의 합은 180°이다!

다음 오각별에서 각 A+각 B+각 C+각 D+각 E의 값을 구해 봅시다.

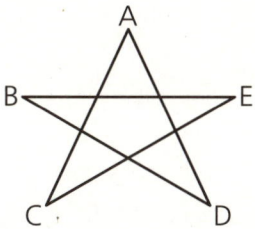

이런 문제는 보조선 하나면 끝납니다. C와 D를 이으면 다음과 같습니다.

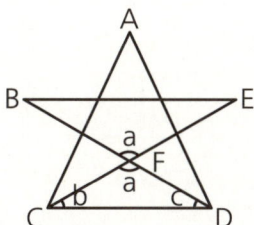

그림에서 각 a는 맞꼭지각이니까 서로 각의 크기가 같아요. 그리고 삼각형의 세 각의 합은 180°이니까 삼각형 BEF에서 각 B+각 a+각 E=180°가 돼요. 그리고 삼각형 FCD에서 각 a+각 b+각 c=180°가 되고요. 두 식을 비교해 보면, 각 b+각 c=각 B+각 E가 되지요. 그러니까 오각별의 다섯 개의 각의 합은 삼각형 ACD의 세 개의 각의 합과 같아요. 결국, 오각별에서 각 A+각 B+각 C+각 D+각 E는 180°가 됩니다.

QR코드를 통해 정완상 교수의 강의를 직접 들어 봅시다.

GAME 6

부분과 전체가 같은 프랙탈

어떤 도형의 일부분이 전체를 닮은 것이 바로 프랙탈이다. 프랙탈은 미국의 수학자 망델브로가 제시한 것인데, 컴퓨터 그래픽 분야에 널리 응용되고 있다. 자연계에서는 구름 모양이나 해안선 등에서 볼 수 있다. 참고로, 표준국어대사전에 실린 올바른 규범 표기는 '프랙털'인데 '프랙탈'이 더 널리 쓰이고 있어 여기에서는 프랙탈로 표기했다.

트라이시티의 특별한 아파트
삼각형으로 만들어진 집

매쓰워치 조금 전에 본 그 삼각형 모양의 집, 너무 재미있지 않아? 삼각형에 또 삼각형을 더해 만든 집이라니!

베드몬 우리가 조금 전에 본 집 모양이 바로 유명한 시어핀스키 삼각형이야.

코아 시어핀스키 삼각형? 정말 신기한데.

베드몬 오늘의 주제는 프랙탈이야.

매쓰워치 프랙탈이 뭐야?

베드몬 어떤 도형의 일부분이 전체를 닮은 것을 프랙탈 구조라고 해. 프랙탈이라는 말은 수학자 망델브로가 처음 이름을 붙였는데 '조각'이란 뜻으로 생각하면 돼.

코아 시어핀스키 삼각형은 어떻게 만들어?

베드몬 간단해. 먼저 정삼각형을 그리는 거야.

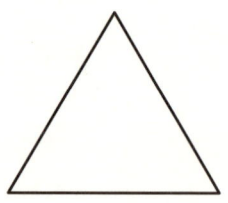

매쓰워치 그다음에는?

[베드몬] 정삼각형의 각 변의 중점을 찾아보는 거야.

[코아] 중점이 뭐지?

[베드몬] 선분의 한 가운데 있는 점을 말해.

[매쓰워치] 알았어. 내가 해 볼게.

[코아] 그다음에는?

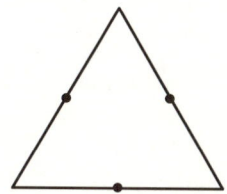

[베드몬] 이 세 개의 중점을 연결해 삼각형을 그린 후 가운데 있는 삼각형을 잘라 내는 거야.

[코아] 알겠어. 내가 해 볼게.

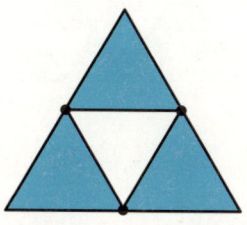

[베드몬] 이것을 1단계 시어핀스키 삼각형이라고 불러.

[매쓰워치] 그렇다면 2단계도 있겠네?

베드몬 그렇지. 남아있는 세 개의 삼각형 안에 또 다시 1단계의 시어핀스키 삼각형을 만드는 거야.

매쓰워치 이렇게 하면 되겠네.

코마 그다음 단계는 내가 할 수 있을 것 같아. 내가 그다음 단계 그림을 그려 볼게. 어때?

매쓰워치 내가 보기엔 잘 그린 것 같은데?

베드몬 완벽해! 그게 바로 3단계 시어핀스키 삼각형이야. 삼각형 안에 크기가 다른 세 가지의 삼각형들이 그려졌어.

매쓰워치 이런 식으로 하면 삼각형이 굉장히 복잡해지겠어.

베드몬 맞아. 더 그리면 다음 그림처럼 돼.

코마 더 그릴 수도 있을 것 같아.

시어핀스키 삼각형의 모습

<매쓰워치> 삼각형만으로 아주 멋진 무늬가 만들어졌네.

<베드몬> 맞아. 이 그림은 시어핀스키 삼각형의 프랙탈 구조를 가지고 있어.

<코마> 이제 이해가 되네. 프랙탈 구조라는 것이 부분과 전체가 같은 구조를 가지고 있다는 얘기 말야. 부분도 삼각형이고, 전체적인 모습도 삼각형이야.

<베드몬> 그래, 맞아.

수학자가 수학으로 그린 그림 이야기
눈송이 화가, 코흐

베드몬 우리가 본 그림은 코흐라는 수학자가 수학으로 그린 눈송이의 모양이야. 이 그림을 코흐 눈송이라고 불러.

매쓰워치 코흐 눈송이는 어떻게 그리지? 수학으로 그린 눈송이라니까 보통 그림과는 다를 것 같은데 말이야.

베드몬 맞아. 우선 하나의 선분을 그리는 거야.

매쓰워치 선분 하나 그리는 거야 쉽지. 그다음은?

베드몬 선분을 삼등분하는 점 두 개를 찍는 거야.

매쓰워치 이렇게?

베드몬 그래. 이제 가운데 토막을 잘라 내는 거야.

코마 내가 할게. 이렇게 잘라서 가운데 토막을 빼내라는 거지?

매쓰워치 이제 뭘 할까?

베드몬 잘라 낸 비어 있는 부분에 선이 있다고 생각하고, 그 부분을 한 변의 길이로 하는 정삼각형을 그리는 거야.

베드몬 이렇게 하면 선분이 총 몇 개가 생겼지?

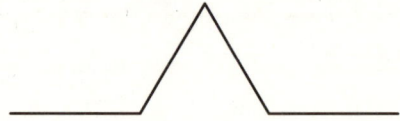

매쓰워치 하나, 둘, 셋, 넷. 선분은 총 4개야.

베드몬 자, 지금까지 그려진 4개의 선분에 대해서 같은 방법을 써서 계속 그려 보는 거야.

매쓰워치 아, 무슨 말인지 이해했어. 각 선분들마다 삼등분하는 점을 찍고, 가운데를 잘라 내고, 잘라 낸 만큼을 한 변으로 하는 정삼각형을 그리라는 말이잖아?

코마 그런 것 같아.

베드몬 이 방법을 계속해서 반복하면 다음과 같은 그림이 나타날 거야. 어때? 이 정도는 이제 그릴 수 있겠지?

매쓰워치 그리는 것은 이제 어렵지 않은데, 이 그림은 우리가 전시회장에서 본 것과는 좀 다른 것 같아.

베드몬 맞아. 우리가 전시회장에서 본 그림은 처음 시작을 정삼각형에서 그리기 시작한 거야. 정삼각형을 먼저 그린 후에 같은 방법으로 그림을 그려 볼까?

매쓰워치 내가 그려 볼게. 정삼각형을 먼저 그리고, 각 변을 삼등분하는 점을 찍은 후 잘라서 가운데 부분을 빼내고, 빼낸 부분을 한 변으로 하는 정삼각형을 또 그리기를 반복하면 이렇게 되겠다.

코마 우와! 별이 그려졌어. 아직 눈송이 모양이 아니니까 또 반복하는 거지? 이번엔 내가 해 보고 싶어.

베드몬 그래. 별이 그려지면 각 변을 삼등분해서 가운데 부분을 잘라내고, 거기에 또 정삼각형을 그리고를 반복하면 돼. 계속 반복하면 이런 그림들이 그려져.

매쓰워치 우와! 드디어 눈송이 모양이 그려졌어. 이래서 수학으로 그렸다는 말이 나온 거구나.

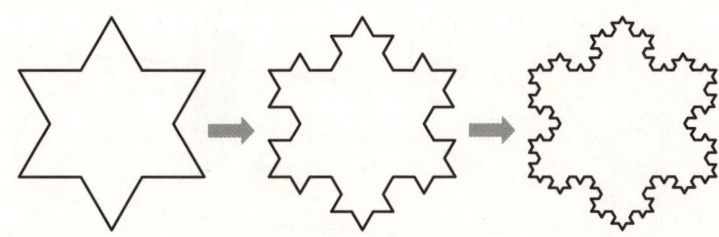

파마머리가 생머리보다 더 큰 것은?
프랙탈 차원 이야기

베드몬 이번에는 재미있는 차원에 대해 이야기해 볼까?

매쓰워치 차원이 뭐지?

코마 왜 조금 이상한 행동을 하는 친구에게 "쟤는 4차원이야!"라는 말을 하곤 하잖아. 그럴 때 쓰는 차원 같은데?

베드몬 맞아. 그 차원이 뭔지 알아보자고. 1차원은 선이야.

매쓰워치 그럼 2차원은 면이겠네.

코마 아하! 선들이 만나 면을 이루고, 면들이 입체를 만들지. 3차원은 입체를 말하는 거겠네?

베드몬 차원에 대해서는 잘 알고 있네. 그런데 어떤 수학자들은 같은 선이라도 차원이 다르다고 주장했어.

매쓰워치 선이면 똑같이 1차원이잖아?

베드몬 수학자들은 같은 선이라도 얼마나 구불구불한지를 나타내기 위해 소수로 나타내는 차원을 도입했는데 그것을 프랙탈 차원이라고 불러. 일직선은 프랙탈 차원으로도 1차원이지만 일직선이 아닌 선이 되면 프랙탈 차원은 1차원보다 커진다는 거지. 수학자들은 코흐 눈송이의 프랙탈 차원이 약 1.2619임을 알아냈어.

코마 어떻게 구한 거지?

베드몬 프랙탈 차원을 구하는 것은 굉장히 어려워. 고등학교 수학 시간에 배우는 로그를 사용해야 하거든. 자세한 이야기는 나중에 코마, 너의 수학 실력이 그 정도 되면 가르쳐 줄게.

매쓰워치 그렇군. 그런데 프랙탈 차원은 어디에 사용돼?

베드몬 다음 지도를 볼까?

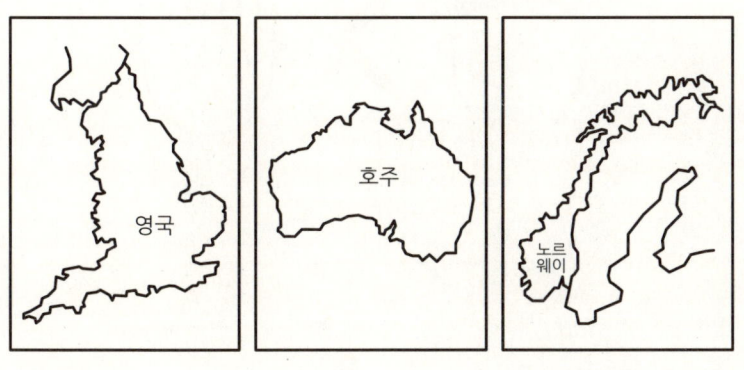

코마 영국, 호주, 노르웨이의 지도네?

베드몬 맞아. 이 지도에서 해안선들을 봐야 해. 프랙탈 차원은 해안선이 단조로운지 복잡한지를 나타내는 데 사용돼. 수학자들의 연구에 따르면, 영국 해안선의 프랙탈 차원은 1.25이고, 호주 해안선의 프랙탈 차원은 1.13이고, 노르웨이 해안선의 프랙탈 차원은 1.52라고 해. 그러니까 호주의 해안선은 직선에 가까운 단조로운 해안선이지만, 노르웨이의 해안선은 아주 복잡한 해안선이지.

매쓰워치 그렇다면 구불구불한 파마머리가 곧은 생머리보다 프랙탈 차원이 더 크겠네.

베드몬 그래, 맞네. 파마머리의 프랙탈 차원이 생머리의 프랙탈 차원보다 크지.

코마 아이고, 이제 하다하다 파마머리와 생머리를 수학으로 풀어내는군!

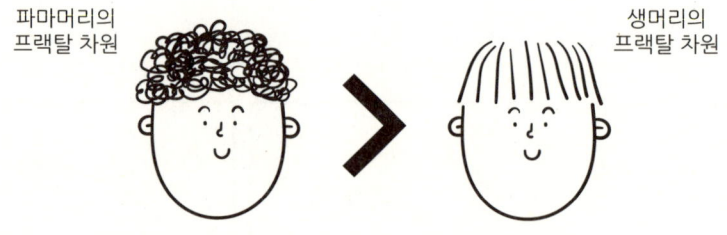

▶▶▶ 개념 정리 QUIZ

1. 동그란 공은 몇 차원인가?

2. 우리나라 동해안의 해안선과 서해안의 해안선 중 어느 쪽의 프랙탈 차원이 더 큰가?

3. 다음 그림에서 막대기 하나의 길이는 1m이다. 그러므로, 현재 이 도형의 넓이는 5m²이다. 막대기를 움직여 넓이가 4m²이 되는 도형을 만들어라.

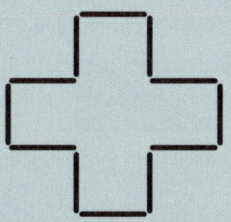

※ Quiz의 정답은 132쪽에 있습니다.

○ 정완상 교수의 QR 강의

개념 다지기

두 개의 정사각형을 하나의 정사각형으로, 도형의 변환!

다음 그림과 같이 두 개의 크고 작은 정사각형이 붙어 있다고 해 봅시다. 큰 정사각형의 한 변의 길이는 작은 정사각형의 한 변의 길이의 두 배예요.

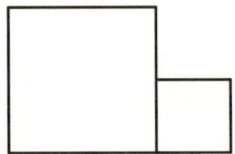

이것을 적당히 오려 붙여서 하나의 정사각형으로 만들 수 있어요. 다음 그림을 볼까요? 다음 그림 같이 보조선을 그려 봐요.

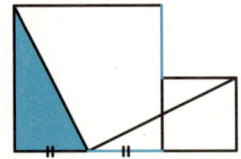

두 개의 별색 선은 길이가 같아요. 그리고 색칠된 직각삼각형을 다음과 같이 이동시켜 보세요.

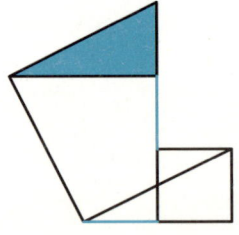

이상한 모습이 되었네요. 이 그림에서 아래쪽 직각삼각형을 위의 직각삼각형과 구분되게 회색으로 칠해 봅시다.

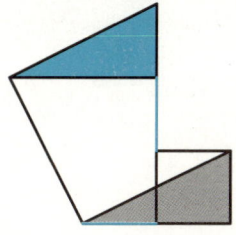

이제 회색 삼각형을 다음과 같이 이동시켜 붙이면 됩니다.

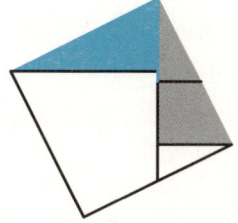

어때요? 하나의 정사각형이 만들어졌죠? 이런 방법을 도형의 변환이라고 불러요.

QR코드를 통해 정완상 교수의 강의를 직접 들어 봅시다.

부록

[수학자에게서 온 편지]
피타고라스

[논문]
접힌 도형의 성질에 관한 연구

개념 정리 QUIZ 정답

용어 정리 & 찾아보기

| 수학자에게서 온 편지 |

피타고라스
(Pythagoras)

안녕하세요. 나는 그리스의 수학자 피타고라스예요. '피타고라스의 정리'를 배우면서 내 이름을 처음 들은 사람들이 많지요? '숫자의 아버지'로 많은 이들이 알고 있는 나는 기원전 570년경에 태어나 기원전 약 492년경에 죽었다고 전해지고 있어요. 가장 많은 사람들이 알고 있는 수학자 중 한 명이 바로 이 '피타고라스'라는데, 사실 나에 대해서는 정확하게 전해지는 사실들이 많지 않다고 하더군요?

내가 태어난 시기의 그리스는 수많은 식민지를 거느리고 있었는데, 내가 태어난 사모스 섬 역시 그리스의 식민지 중 하나였어요. 그래서 사람들은 나를 그리스의 철학자, 수학자로 부르는 것이랍니다. 내가 어릴 때부터 신동으로 소문이 나면서 수학자이자 철학자로 유명한 탈레스로부터 수학과 천문학을 배울 수 있었어요. 그 후 20살이 되던 해에는 이집트 멤피스로 가서 수학과 천문학에 심취하게 됐고요. 그 당시에 나는 분자가 1인 단위 분수에 큰 관심을 갖고 있었어요.

훗날 고향에서 수학을 가르치고자 사모스 섬으로 돌아왔지만, 당시 자유가 없고 포악 정치가 있었던 고향인 사모스 섬에서 수학을 가르치는 것이 여의치 않게 되자 나는 이탈리아의 크로톤으로 건너가 그곳의 최고 부자였던 밀로의 후원을 받아 학교를 설립했어요. 당시의 크로톤은 이탈리아의 땅이었지만, 그리스의 식민지하에 있던 곳이에요.

내가 만든 학교에는 점차 나를 추종하는 사람들이 모여들었고, 피타고라스 학파까지 만들어졌어요. 이 학교 출신의 3분의 1이 학자가 되는 등 정치적으로도 영향력이 꽤 컸던 곳이고, 남녀평등의 원칙이 존재해 여학생들도 꽤 많았어요. 내가 만든 학교에서 발견된 것은 모두 내 이름이 붙여지게 되었고, 발견된 내용들은 학파 사람이 아닌 외부의 다른 사람들에게 알리는 것은 금지되어 있었어요.

기초를 강조했던 나는 모여든 사람들에게 처음부터 수학을 가르치지는 않았어요. 마음을 깨끗하게 하는 법과 철학을 가르쳤지요. 나는 수학이 인간과 신을 연결하는 학문이기 때문에 몸과 마음을 깨끗하게 하고 사치스럽게 살지 않는 등 올바른 철학 정신을 지니지 않고 설불리 수학을 공부하면 미쳐 버릴 수 있다고 경고했답니다.

나에게 수학을 배우기 위해서는 제자들이 오랜 시간동안 경건한 마음으로 금욕생활을 해야 했어요. 충분한 경지에 오르게 된 제자는 염원하던 수학을 배울 수 있게 되는 데 이들을 '마테마테코이'라고 불렀습니다. '수학을 공부하는 학생'이라는 뜻이지요.

당시 사람들이 왜 나에게 수학을 배우려고 했는지 알려 주는 재미있는 일화가 있답니다. 어느 날 나는 똑같은 크기의 빵 9개를 두고 10명의 사람들이 다투는 모습을 보았어요. 각자 하나씩 빵을 가지면 한 사람이 빵을 먹지 못하기 때문이었지요. 나는 빵 아홉 개의 무게를 잰 다음 전체의 10분의 1씩 되도록 빵을 잘라서 열 명의 사람들에게 똑같이 나누어 주었어요. 똑같은 양의 빵을 먹을 수 있게 된 사람들은 나의 지혜에 감탄을 했답니다. 이때부터 많은 사람들이 나에게 수학을 배우기 위해 내가 설립한 학교로 몰려들었어요.

나는 만물의 근원을 '수'로 보았어요. 나는 수로부터 모든 모습과 생각이 나오고 선과 악도 수로 묘사될 수 있다고 믿었지요. 당시에는 0이 없었기 때문에 나는 1부터 시작되는 자연수를 주로 연구했고, 자연수를 홀수와 짝수로 분류했어요. 짝수는 2로 나누어떨어지는 수로, 홀수는 그렇지 않은 수로 나타냈지요.

나는 또 각각의 수에 개별적인 의미를 부여했어요. 1은 수의 근원이며 이성을 상징하는 것으로, 2는 여성을 상징하고, 3은 남성을 상징해요. 4는 정의를 상징하고, 5는 2와 3의 합이므로 결혼을 상징합니다. 6은 1과 2와 3을 더한 수인데 나는 이것이 창조를 상징한다고 여겼습니다. 내가 생각한 가장 신성한 수는 10이에요. 10은 1과 2와 3과 4의 합이지요.

나는 도형과 수와의 관계에 대한 연구를 통해, 삼각수, 사각수, 오각수

등의 성질을 알아냈어요. 나는 직각삼각형에서의 '피타고라스의 정리'를 발견한 것으로 유명하지만 정리의 증명은 하지 못했어요. 훗날 유클리드가 내가 발견한 '피타고라스의 정리'를 증명해 자신의 책 『기하학 원론』에 그 내용을 포함시켰다고 하더군요.

나는 이름이 유명한 만큼, 객관적인 자료들이 후대에 잘 알려지지는 못한 수학자예요. 하지만, 잊혀지지 않고 '숫자의 아버지', '피타고라스의 정리', '피타고라스의 음률', '피타고라스의 도형수' 등으로 날 기억해 주는 것만으로도 참 고맙답니다.

사진 : public domain/wikipedia

성림주니어북 수학연구소 논문, 122쪽

접힌 도형의 성질에 관한 연구

김피타, 2021년(서울 성림 초등학교)

요약

이 연구에서 직사각형 모양의 종이를 접었을 때 생기는 각들 사이의 관계를 찾아냈다.

1. 서론

최초의 수학자 탈레스는 맞꼭지각이 같다는 것을 알아냈다.[1] 그는 이 성질을 이용해서 삼각형은 그 모양과 관계없이 세 각의 합이 180°가 된다는 것을 알아냈다.[2]

두 삼각형이 완전히 포개어질 때 대응하는 각이 같고 대응하는 변의 길이가 같다는 성질은 고대 그리스의 수학자 유클리드가 쓴 책에 정리되어 있다.[3]

종이를 들고 다니면 책가방 속에서 접히는 경우가 종종 발생한다. 나는 이렇게 종이가 접혔을 때 어떤 수학적 성질이 있는지를 연구하려고 한다.

2. 접힌 직사각형에서 생기는 두 각 사이의 관계

다음 그림과 같이 직사각형을 접어 보자.

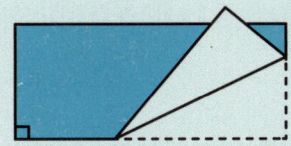

이제 다음과 같이 각 점을 알파벳으로 표시하자.

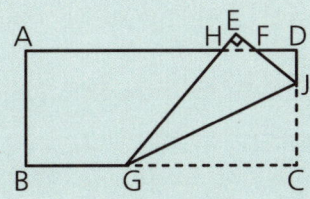

여기서 직사각형을 접었으므로, 각 E=직각=90°이다. 이제 이렇게 접힌 종이에서 두 개의 각 ∠EFD와 ∠EGJ 사이의 관계를 구하려고 한다.

다음과 같이 놓자.

∠EFD=□

∠EGJ=△

∠HFE와 ∠EFD는 일직선을 이루므로

∠HFE=180°-□   (1)

가 된다. 삼각형 EHF에서 세 각의 합은 180°이므로

∠EHF=□-90°   (2)

가 된다.

∠DFJ는 ∠EFH와 맞꼭지각으로 같으니까

∠DFJ=180°-□　　　(3)

이 된다. 삼각형 FJD에서 세 각의 합은 180°이므로,

∠FJD=□-90°　　　(4)

가 된다.

삼각형 JGC 부분을 접어 올린 부분이 삼각형 GJE이므로, 두 삼각형은 완전히 포개어지는 삼각형이다. 완전히 포개어지는 두 삼각형에서 대응하는 두 각의 크기는 같으므로,

∠EJG=∠GJC　　　(5)

이 된다. 이때, 일직선이 180°라는 사실로부터,

∠FJD+∠EJG+∠GJC=180°　(6)

이 된다. ∠EJG=∠GJC=▲라고 놓아보자. 그러면

□-90+▲+▲=180°　　(7)

따라서,

▲+▲=270°-□　　(8)

가 된다. 여기서 ▲를 구하면,

▲=135°-□×$\frac{1}{2}$　　(9)

이 된다.

삼각형 EGJ에서 세 각의 합은 180°이므로

90°+135°-□×$\frac{1}{2}$+△=180°　(10)

가 된다.

그러므로

△=□×$\frac{1}{2}$-45°   (11)

가 된다. 따라서 우리는 □가 커질수록 △도 커진다는 것을 알게 되었다.

참고문헌
[1] 탈레스, 「맞꼭지각의 성질에 관하여」, 고대 그리스 수학 1 (기원전 600년?) 38p
[2] 탈레스, 「삼각형의 세 각의 합에 대하여」, 고대 그리스 수학 3 (기원전 600년) 128p
[3] 유클리드, 『기하학원론』, (기원전 300년)

GAME 1 개념 정리 QUIZ 정답

1. 시계의 시간 사이의 눈금 한 칸이 이루는 각의 크기는 360°÷12=30°이고 5시는 눈금 5칸으로 되어 있으므로 30°×5=150°이다.

2. 12(cm), 60°

3. 작은 크기의 직각삼각형은 다음과 같이 네 개 생긴다.

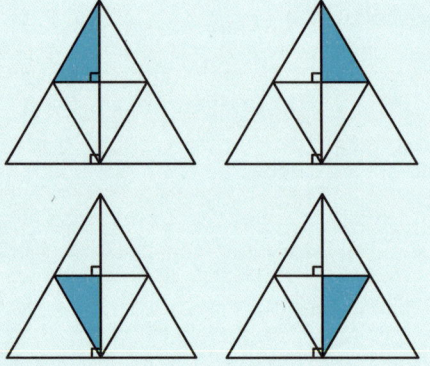

큰 크기의 직각삼각형은 다음과 같이 두 개 생긴다.

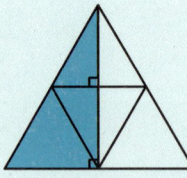 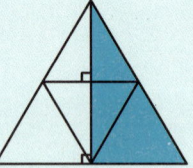

그러므로 4+2=6(개)의 크고 작은 직각삼각형이 생긴다.

GAME 2 개념 정리 QUIZ 정답

1. 밑변의 길이는 24−(10+6)=8(cm)이다. 그러므로 삼각형의 넓이는 6×8÷2=24(cm^2)이다.

2. 네 개가 생긴다. 완전히 포개어지는 네 개의 직각삼각형을 다른 색깔로 나타내면 다음과 같다.

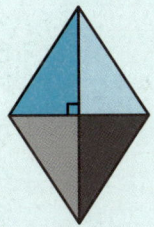

3. 400=20×20이므로 정사각형의 한 변의 길이는 20(cm)이다.

GAME 3 개념 정리 QUIZ 정답

1. 두 번째 도형은 곡선으로만 이루어져 있으므로 다각형이 아니다. 세 번째 도형은 곡선과 직선으로 이루어져 있으므로 다각형이 아니다. 첫 번째 도형과 네 번째 도형만 다각형이다. 그러므로 다각형은 모두 두 개이다.

2. 정팔각형은 여덟 개의 변의 길이가 모두 같으므로 한 변의 길이는 208÷8=26(cm)이다.

3. 선분 BC와 선분 DE가 평행이므로 ∠ABC=∠ADE이고, ∠BCA=∠DEA=1직각이다. 삼각형 ABC와 삼각형 ADE를 보면 서로 대응하는 세 개의 각이 같으므로 두 삼각형은 닮음이다. 그러므로 서로 대응하는 변의 길이의 비는 같다.
$\overline{AC}:\overline{AE}=\overline{BC}:\overline{DE}$이므로 3:8=$\overline{BC}$:16이 되어, BC=6(cm)가 된다.

GAME 4 개념 정리 QUIZ 정답

1. 직각삼각형의 빗변의 길이를 □라고 두면 □×□=5×5+12×12=25+144=169이다. 그리고 169=13×13이므로 □는 13이다.

2. 피타고라스의 정리에 의해 빗변이 아닌 변들을 한 변으로 하는 정사각형의 넓이의 합은 8×8=64이다.

3. 이등변삼각형의 꼭짓점 A에서 변 BC로 수선을 내리면 다음과 같다.

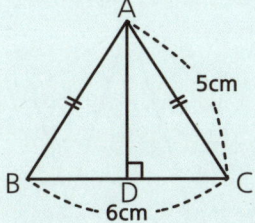

이 수선과 변 BC는 수직으로 만난다. 또 삼각형 ADC와 삼각형 ADB는 완전히 포개지는 삼각형이다. 이때 변 BD의 길이와 변 CD의 길이가 같으므로 다음 그림과 같이 된다.

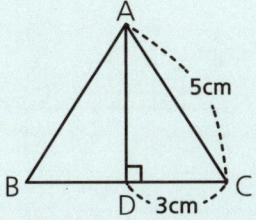

그러므로 피타고라스의 정리에 의해 삼각형의 높이는 4(cm)이다. 따라서 삼각형의 넓이는 4×6÷2=12(cm^2)이 된다.

GAME 5 개념 정리 QUIZ 정답

1. 정오각형은 다섯 개의 변의 길이가 같고 다섯 개의 각이 같다.

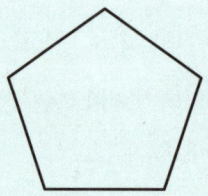

정오각형을 세 조각으로 자르면 세 조각은 모두 삼각형 모양이다.

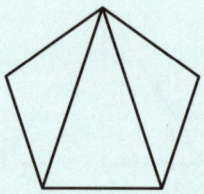

정오각형의 다섯 개의 각의 합은 삼각형의 세 각의 합의 3배이다. 3×180=540°이므로 정오각형의 하나의 각의 크기는 540÷5=108°가 된다.

2. 다음 그림과 같이 그리면 된다.

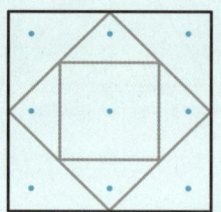

3. 다음과 같이 보조선을 그린다.

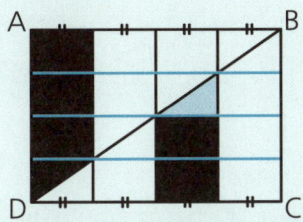

직사각형 ABCD는 작은 직사각형 16개로 이루어져 있으니까 작은 직사각형 하나의 넓이는 40÷16=2.5(cm²)가 된다. 색칠된 삼각형을 다음과 같이 옮기자.

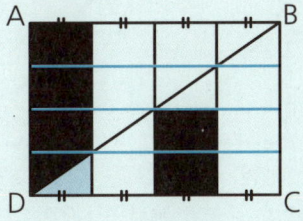

이제 어두운 부분은 작은 직사각형 6개로 이루어져 있으므로, 어두운 부분의 넓이는 6×2.5=15(cm²)가 된다.

GAME 6 개념 정리 QUIZ 정답

1. 공은 입체이므로 3차원이다.

2. 동해안은 해안선이 단조롭고, 서해안은 해안선이 복잡하므로 서해안의 프랙탈 차원이 더 크다.

3. 왼쪽 그림과 같이 바꾸면 된다. 왜 그런지 살펴보자. 오른쪽 그림과 같이 점선으로 보조선을 그려 보자.

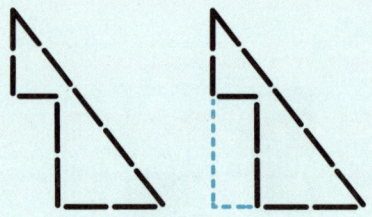

이 도형의 넓이는 삼각형의 넓이에서 직사각형의 넓이를 뺀 값이 된다. 삼각형의 높이는 4(m)이고 밑변의 길이는 3(m)이니까 삼각형의 넓이는 $\frac{1}{2} \times 3 \times 4 = 6(m^2)$이 되고, 직사각형은 가로가 1(m)이고 세로가 2(m)이니까 넓이는 $1 \times 2 = 2(m^2)$이 된다. 그러므로 이 도형의 넓이는 $6-2=4(m^2)$이 된다.

수학 교과서 속 용어 정리 & 찾아보기

[각]　　　　　　　　　　　　　　　　　　　29쪽, 33쪽

한 점에서 그은 두 개의 반직선으로 이루어진 도형. 둔각, 직각, 예각 따위가 있다.

[각도]　　　　　　　　　　　　　　　　　　29쪽, 33쪽

각의 크기. 즉, 한 점에서 갈리어 나간 두 반직선의 벌어진 정도.

[직각]　　　　　　　　　　　　　　　　　　　　　35쪽

두 변이 서로 수직일 때의 각도. 즉, 두 반직선이 만나서 이루는 각이 90°인 각을 직각이라고 한다. 1직각=90°, 2직각=180°, 3직각=270°, 4직각=360°

[대각선]　　　　　　　　　　　　　　　　　　63쪽, 69쪽

다각형에서 이웃하지 않은 꼭짓점을 연결한 선분.

[평행]　　　　　　　　　　　　　　　　　　　29쪽, 38쪽

서로 만나지 않는 두 직선. 정확하게는 한 평면 위의 두 직선이나 두 평면이 서로 만나지 않는 것을 말한다.

수학 교과서 속 용어 정리 & 찾아보기

[삼각형]   29쪽, 36쪽, 47쪽
세 개의 선분으로 둘러싸인 도형.

[이등변삼각형]   37쪽
두 변의 길이가 같은 삼각형.

[정삼각형]   36쪽
세 변의 길이가 같은 삼각형.

[직각삼각형]   37쪽, 77쪽
삼각형의 세 각 중 하나의 각이 직각인 삼각형.

[사각형]   42쪽
네 개의 선분으로 둘러싸인 도형.

[직사각형]   42쪽
네 개의 각이 모두 직각인 사각형.

수학 교과서 속 용어 정리 & 찾아보기

[정사각형] 43쪽

직사각형 중에서 특별히 네 개의 변의 길이가 모두 같은 것.

[평행사변형] 43쪽

서로 마주보는 두 쌍의 변이 각각 평행인 사각형.

[사다리꼴] 44쪽

마주 보는 한 쌍의 변이 서로 평행인 사각형.

[마름모] 45쪽

네 개의 변의 길이가 같은 사각형.

[다각형] 70쪽

선분만으로 둘러싸인 도형.

[정다각형] 70쪽

변의 길이가 모두 같고 각의 크기가 모두 같은 다각형.

수학 교과서 속 용어 정리 & 찾아보기

[삼각형과 사각형의 성질] 90쪽, 92쪽

사각형은 바람과 같은 외부의 힘에도 모양이 쉽게 바뀌지만 삼각형은 외부의 힘을 받아도 모양이 잘 변하지 않는 성질이 있다.

[삼각형의 넓이] 57쪽

(삼각형의 넓이)=(밑변의 길이)×(높이)÷2

[직사각형의 넓이] 55쪽

(직사각형의 넓이)=(가로의 길이)×(세로의 길이)

[정사각형의 넓이] 55쪽

(정사각형의 넓이)=(한 변의 길이)×(한 변의 길이)

[평행사변형의 넓이] 56쪽

(평행사변형의 넓이)=(아랫변의 길이)×(높이)

수학 교과서 속 용어 정리 & 찾아보기

[마름모의 넓이]　　　　　　　　　　　　　　　　　64쪽

(마름모의 넓이)=$\frac{1}{2}$×(한 대각선의 길이)×(한 대각선의 길이)

[합동]　　　　　　　　　　　　　　　　　　49쪽, 53쪽

두 도형이 완전히 똑같을 때 두 도형은 완전히 포개어진다. 중학교에서는 두 도형이 완전히 포개어질 때 '두 도형은 합동이다'라고 말한다. 두 삼각형이 완전히 포개어질 수 있을 때(두 삼각형이 합동일 때), 서로 대응하는 변의 길이도 같고 대응하는 각의 크기도 같다.

[닮음]　　　　　　　　　　　　　　　　　　64쪽, 67쪽

두 개의 도형 중 한 쪽을 일정한 비율로 축소하거나 확대한 도형은 처음 도형과 닮음인 도형이다. 닮은 두 삼각형이 있다면, 이 두 삼각형은 대응되는 변의 길이의 비가 같고, 대응되는 각의 크기도 같다.

[몬드리안]　　　　　　　　　　　　　　　　　　　94쪽

네덜란드의 화가(1872~1944)로 직선과 직각, 사각형만으로 그림을 그린 현대 화가이다. 주로 직선과 직각, 삼원색과 무채색만을 사용해 작품을 그렸다. 추상 미술의 대표적인 화가로 신조형주의를 개발했다. 몬드리안의 작품은 미술, 건축, 패션 등 현대 문화 전반에 큰 영향을 미쳤다.

수학 교과서 속 용어 정리 & 찾아보기

[삼각 함수]　　　　　　　　　　　　　　　　77쪽

각의 크기를 삼각비로 나타내는 함수. 여기서 삼각비란 직각삼각형의 세 변 가운데 어느 두 변을 취하여 만든 비의 값을 말한다. 사인, 코사인, 탄젠트, 시컨트, 코시컨트, 코탄젠트 등의 용어를 사용한다.
관련 용어 : 피타고라스의 정리

[지오데식 돔]　　　　　　　　　　　　　　　　93쪽

돔(Dome)은 건물의 천장을 둥글게 만든 것을 말한다. 지오데식 돔은 삼각형이 서로 연결되어 있는 기하학적 구조로 설계하는 공법을 말하는데, 기둥 없이도 무거운 물체를 받칠 수 있는 공 모양의 건축물이다.

[피타고라스]　　　　　　　　　　　　　81쪽, 118쪽

피타고라스는 그리스 사모스 섬 출신의 유명한 수학자이자 철학자, 천문학자, 음악이론가이다. 우리에게는 '피타고라스의 정리'로도 익숙한 피타고라스는 살아 있는 동안 이미 너무나도 유명했던 전설적인 인물이었다.
관련 용어 : 삼각수, 사각수, 도형수, 황금비, 피타고라스의 정리

수학 교과서 속 용어 정리 & 찾아보기

[피타고라스의 정리]　　　　　　　　　　　　81쪽, 83쪽, 87쪽

빗변을 한 변으로 갖는 정사각형의 넓이는 다른 두 변을 한 변으로 갖는 정사각형의 넓이의 합과 같다.

관련 용어 : 직각삼각형, 피타고라스, 삼각 함수

[프랙탈]　　　　　　　　　　　　　　　　　　　100쪽, 102쪽

어떤 도형의 일부분이 전체를 닮은 것.

[프랙탈 차원]　　　　　　　　　　　　　　　　 109쪽, 110쪽

같은 선이라도 얼마나 구불구불한지를 나타내기 위해 소수로 나타내는 차원.

중학교에서도 통하는 초등수학
개념 잡는 수학툰
❷ 삼각형에서 피타고라스의 정리까지

ⓒ 정완상, 2021

초판 1쇄 발행 2021년 10월 15일
초판 2쇄 발행 2022년 5월 30일

지은이	정완상
그림	김민
펴낸이	이성림
펴낸곳	성림북스

책임편집	강현옥
디자인	윤주열

출판등록	2014년 9월 3일 제25100-2014-000054호
주소	서울시 은평구 연서로3길 12-8, 502
대표전화	02-356-5762
팩스	02-356-5769
이메일	sunglimonebooks@naver.com

ISBN	979-11-88762-30-9 (74410)
	979-11-88762-21-7 (set)

◆ 책값은 뒤표지에 있습니다.
◆ 이 책의 판권은 지은이와 성림북스에 있습니다.
◆ 이 책의 내용 전부 또는 일부를 재사용하려면 반드시 양측의 서면 동의를 받아야 합니다.